しています。

最初は「レッスン前に行うウォーミングアップ」や「柔軟性や可動域をアップするストレッチ」でバレエを踊る前の準備や取り組み方を改善していきます。

進んで「バレエのポーズをより美しく魅せる姿勢づくり」、「カラダのコアの部分から鍛えて軸を安定させるトレーニング」で、より美しいポーズを目指します。

さらに「アイテムを使って効率よく鍛えるトレーニング」、「バレエで疲れた筋肉をほぐす体のメンテナンス」、「ポワントのためのトレーニング」などで、大人のバレリーナが質の高い、効率の良いレッスンをするためのエクササイズを解説し、一冊を通じてバレエのポーズや目的に沿って段階的にレベルアップしていきます。

本書によってみなさんのバレエライフがより充実し、美しい踊り・ポーズに向上することを願ってやみません。

この本の使い方

この本はバレエで上手に、キレイに踊るための知識や体づくりの方法をPOINTにまとめレクチャーしています。筋肉に関する基礎知識や正しい姿勢をキープするためのストレッチ、エクササイズなど大人の方が、バレエの動きを上達するための要素を網羅しています。

レッスン前のウォーミングアップやクールダウンをはじめ、日常生活のなかで取り組む関節可動域アップや筋力アップをはかるエクササイズなど、目的別のチャプターに分けて解説しています。

各ページには、紹介しているエクササイズのテーマについて「POINT」として集約しています。最初から読み進めることはもちろん、エクササイズで使う部位や筋肉を表示しているので、苦手な姿勢や動作があれば、積極的に取り組むことができます。

エクササイズ
ページで取り組むエクササイズ名を紹介。ストレッチなのか筋力トレーニングなのか、チェックしてからカラダを動かす。

解説
エクササイズがバレエのどの動きにどうつながっていくのか、頭で理解することで、より動作がイメージしやすくなる。

POINT
このページの大きなテーマを「POINT」として提示。動作の仕方や取り組むべき内容がわかるようになっている。

アイコン
ターゲットになる部位や意識すべき主なパーツ・筋肉を提示。バレエの動作と関連づけて上達をはかる。

首

脚

ミングアップ　　PART 2

らげて
安定させる

上体　肩・腕

◆ アプローチする筋肉
・腹直筋　・上腕三頭筋　・広背筋
・脊柱起立筋　・上腕二頭筋　・腰方形筋
・腹斜筋　・腹横筋　・腸腰筋

ッチ

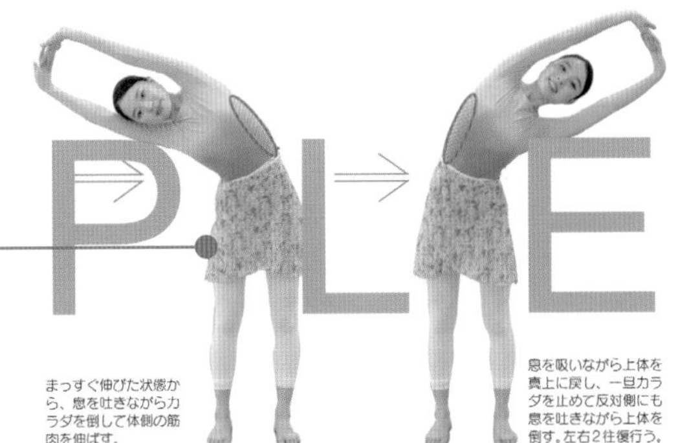

ら両手を
で、頭を
丸める。

息を吸ってお腹に力を入れながら、カラダを起こして腕を真上にまっすぐ伸ばす。

まっすぐ伸びた状態から、息を吐きながらカラダを倒して体側の筋肉を伸ばす。

息を吸いながら上体を真上に戻し、一旦カラダを止めて反対側にも息を吐きながら上体を倒す。左右2往復行う。

スイッチを入れる

作が　ないと、うまく動作することができ
識し　ません。ここでは上体を引きあげる
とが　際に使うインナーマッスルや姿勢の
かし、　維持に働く、脊柱起立筋などにスイッ
てい　チを入れ、軸の安定をはかります。

引きあげたところから
肩を後ろに動かす

バレエではカラダを引きあげたところから、お腹や背中の筋肉を使って姿勢を維持し、踊ることが必要。ここでは引きあげてから上体をキープし、肩を後方に動かしてみましょう。

33

写真
エクササイズを連続写真で解説。動作によっては、別アングルや悪い例などもあげている。正しいフォームをマスターしよう。

TIPS
POINT を多角度から考え、エクササイズをアレンジすることで、幅広いレベルのダンサーが取り組むことができる。

CONTENTS

PART 5 アイテムを使って効率よくエクササイズ

PART 6 カラダのメンテナンス & ポワントトレーニング

※本書は2018年発行の『大人のための バレエの体づくり 美しさを磨く上達レッスン』を元に加筆・修正、装丁を変更し、「増補改訂版」として新たに発行したものです。

バレエで使う筋肉をチェック

美しさを磨くために バレエ筋を意識する

ストレッチやエクササイズで バレエに使う筋肉に働きかける

バレエを踊るときには、全身の筋肉を使います。基本のポジジョンや動作中のターン、ジャンプなど、あらゆる動作のなかで大きなパーツから小さなパーツまでの筋肉が相互に作用しながら動いているのです。

特に上体を支える腹筋や背筋、ポーズを美しくみせるためのツマ先や手先、ターンアウトされた脚（内モモや足の裏、足の指などの筋肉）、体の軸を安定させるための骨盤まわりにあるインナーマッスルは重要になります。

しかし、これらの筋肉を鍛えて大きくしたり、筋肉自体の柔軟性を向上させるだけでは、美しいポーズをとることはできません。ただ単に「カラダが柔らかい」「筋力が強い」だけでは、踊ることができないのがバレエの難しさです。

キレイに踊り、美しさを磨くために、まずはバレエで使う筋肉を意識することからはじめてみましょう。そうすることで、解説するエクササイズのひとつ１つが筋肉に対して、どのような効果をもたらすのか、踊りに対してどのような好影響があるのか理解することができます。

大人の場合、筋力や柔軟性は落ちていくもので、そもそも骨格自体は変えられるものではありません。地道なレッスンでバレエに使う筋肉に正しく働きかけることが、上達する秘けつといえるでしょう。

バレエで使う筋肉を理解する

600以上の筋肉、どこを鍛える？

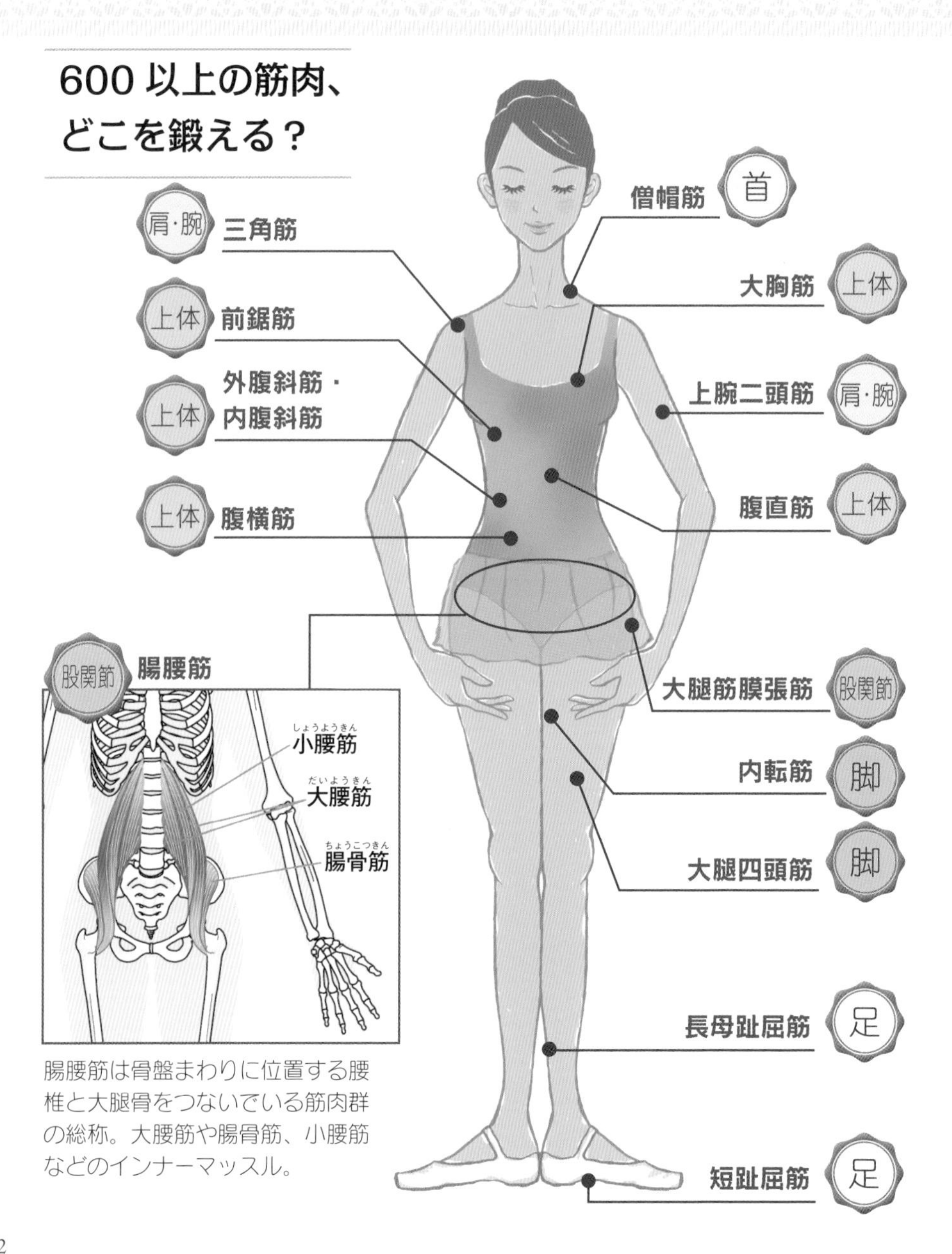

腸腰筋は骨盤まわりに位置する腰椎と大腿骨をつないでいる筋肉群の総称。大腰筋や腸骨筋、小腰筋などのインナーマッスル。

人間のカラダには大小あわせて600以上の筋肉があるといわれています。そのすべてを意識することはできませんが、どの位置にどのような筋肉があり、どのような働きをするのか、理解することが大切です。ここでは主だった筋肉を紹介しています。

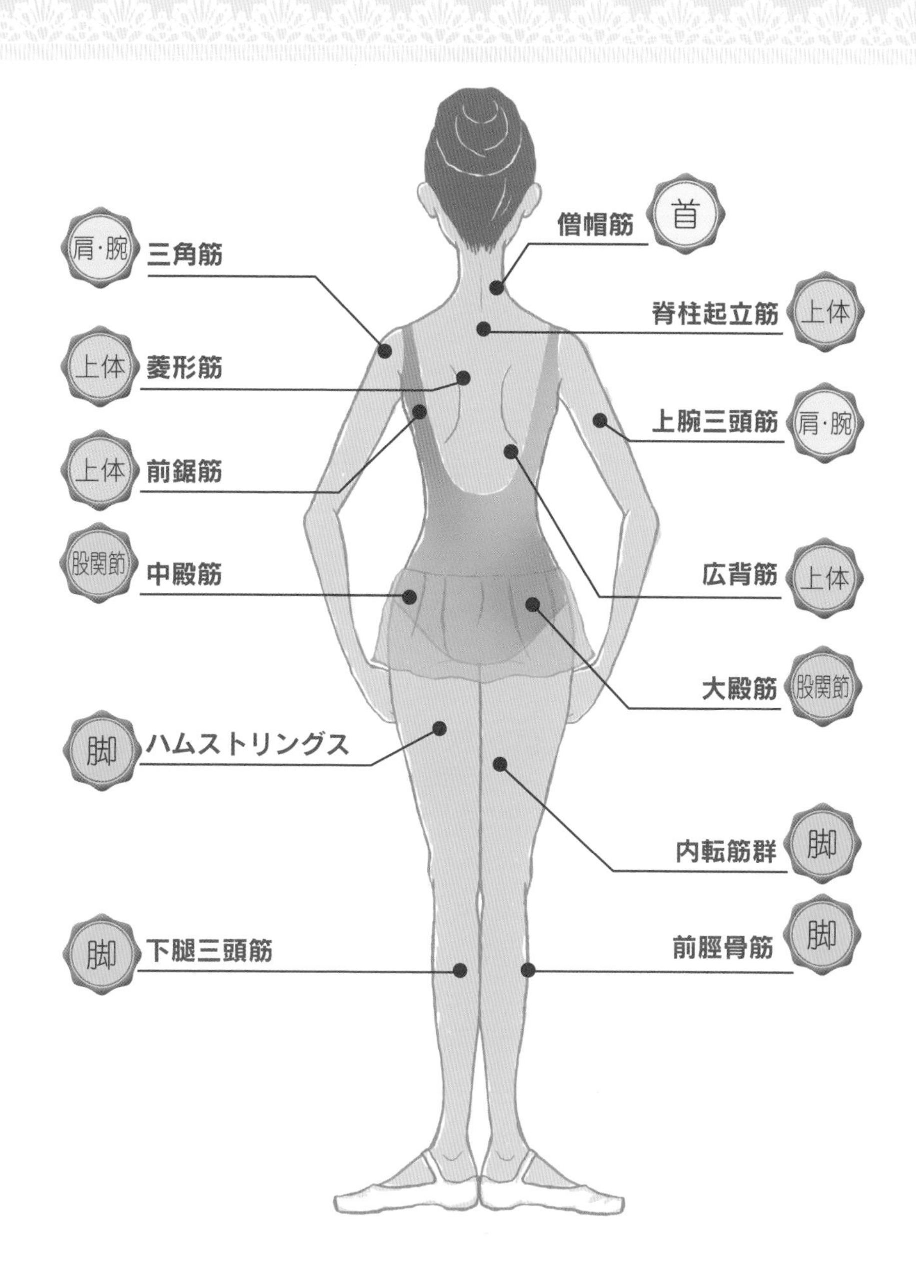

姿勢

姿勢づくりで理想のポーズを再現する

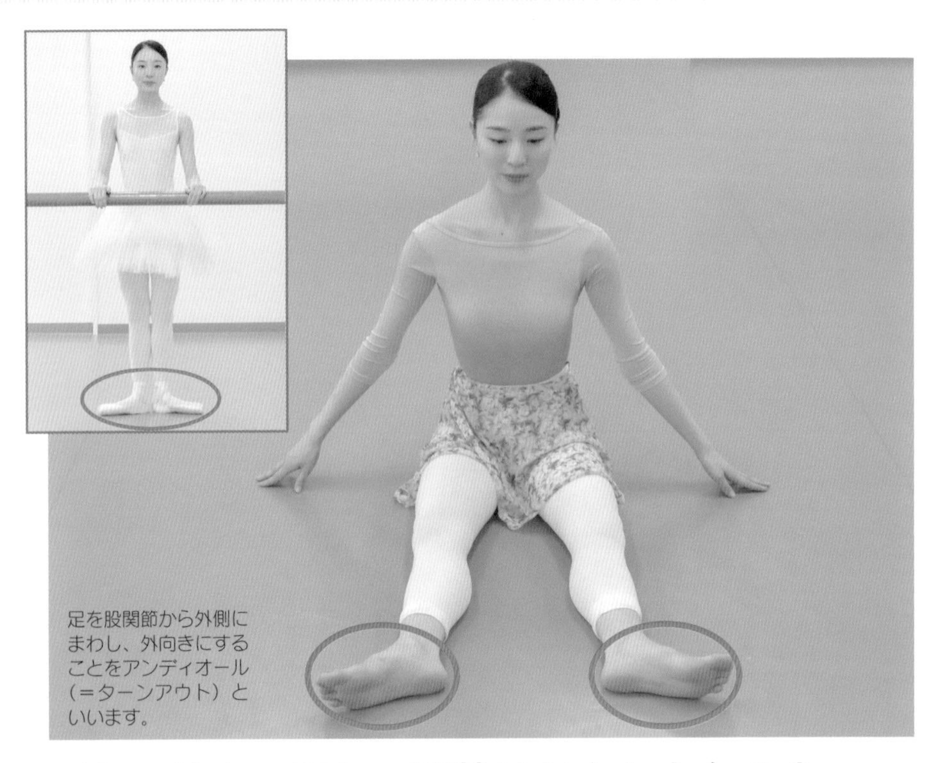

足を股関節から外側にまわし、外向きにすることをアンディオール（＝ターンアウト）といいます。

バレエ特有の正しい姿勢はどんなカタチ？

バレエの「基本の立ち方」となる足の第１～第５ポジションは、股関節から足を外側にまわしてヒザ、足関節、足を外向きにします。上体は腹筋や背筋を意識して、上に伸びる「引き上げ」の意識を保ちつつ、肩はあがらないよう下に抑えることがポイント。

このようなバレエ特有の姿勢は、足のポジションに限らず、あらゆる場面で意識しなければならない伝統的な姿勢です。この形をキープしつつ、踊ることがバレエの美しさであり、正しい表現とされているのです。エクササイズを通して、理想のポーズに近づくことが最大のテーマです。

可動域

POINT 03

可動域を広くして完成形に近づく

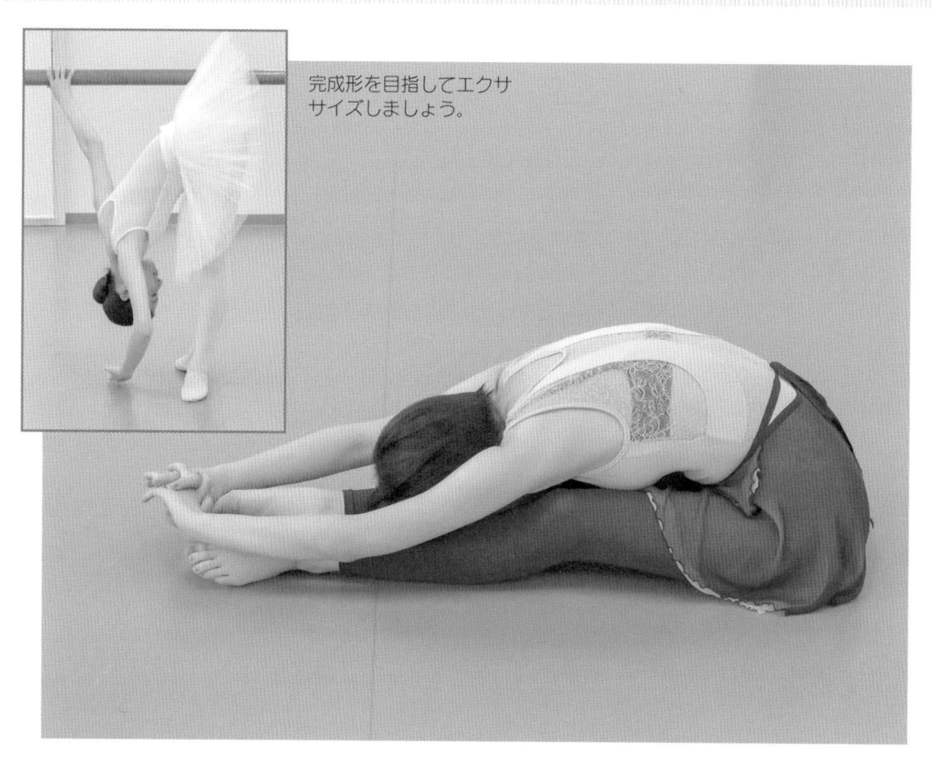

完成形を目指してエクササイズしましょう。

日常のストレッチが可動域をアップ

人によって骨格が決まっている以上、関節の可動域には限界があります。しかし筋肉の柔軟性は、大人になっても努力で改善できます。毎日のストレッチやトレーニングによって、筋肉の柔軟性は変化し、関節の可動域は広くなります。

可動域を改善する効果もあるのがストレッチです。ウォーミングアップやクールダウンで取り入れ、筋肉の質を高めるだけでなく、日常的にストレッチを行うことで徐々に可動域は広くなります。エクササイズでは、完成形のポーズをイメージし、自分ができる可動域から取り組むと良いでしょう。

筋力

体幹の筋肉を鍛えて正しい姿勢を維持する

安定した骨盤と脊柱（背骨）の正しいアライメント、そして引きあげがカギとなります。

正しい姿勢づくりのためのエクササイズ

トップのバレエダンサーの体型を見ると、スリムなボディながらも無駄なく筋肉がついています。バレエに必要な筋肉の要素は、重いモノを持ち上げるパワーや舞台をすばやく動くスピードではありません。つまり、踊っている最中に「正しい姿勢」をいかにキープできるかの、体幹の筋肉の強さが求められるのです。

股関節周辺には、意識することが難しい深層部にある体幹の筋肉がいくつかあります。トレーニングでは筋肉のサイズアップやスピードアップを求めるようなものでなく、股関節まわりのインナーマッスルにアプローチするメニューを中心に取り組みます。

PART 2

レッスン前の10分ウォーミングアップ

ケガを防止しながら
レッスンの質を高める

レッスン前の 10 分で
踊りが良くなる

レッスン前には、体がスムーズに動くためのストレッチを行うことがポイントです。カラダに力を入れ過ぎず、リラックスして行いましょう。たった10分のストレッチが､各パーツを丁寧にほぐしていき、血液が全身をめぐってカラダが温まります。ストレッチを通じて、踊るためのスイッチを入れることができるのです。

カラダが温まらないうちに踊りはじめてしまうと、筋肉や靭帯を傷めてしまうので注意。レッスン前のストレッチを習慣づけるよう心がけましょう。

ストレッチを入れることで、その後に続くバーレッスンがとてもラクになり､レッスンの質が自然と高くなります｡レッスンがない日も取り入れることで、カラダの柔軟性がアップするばかりか、一日を心地よく快適に過ごすためのカラダへのシグナルとなるでしょう。

ストレッチの動作は、呼吸を止めず、負荷をかけるときも意識的に呼吸を続けることがポイント。痛いと思うと、人間は息をとめてしまいますが、そのような感覚では筋肉は伸びてくれません。末端となる足先からスタートし、各部位ごとにしっかりとストレッチし、最終的にカラダ全体を動けるよう仕上げていきます。

足先のウォーミングアップ

足先から入念に伸ばして体全体をあたためる

足指と足の甲のストレッチ

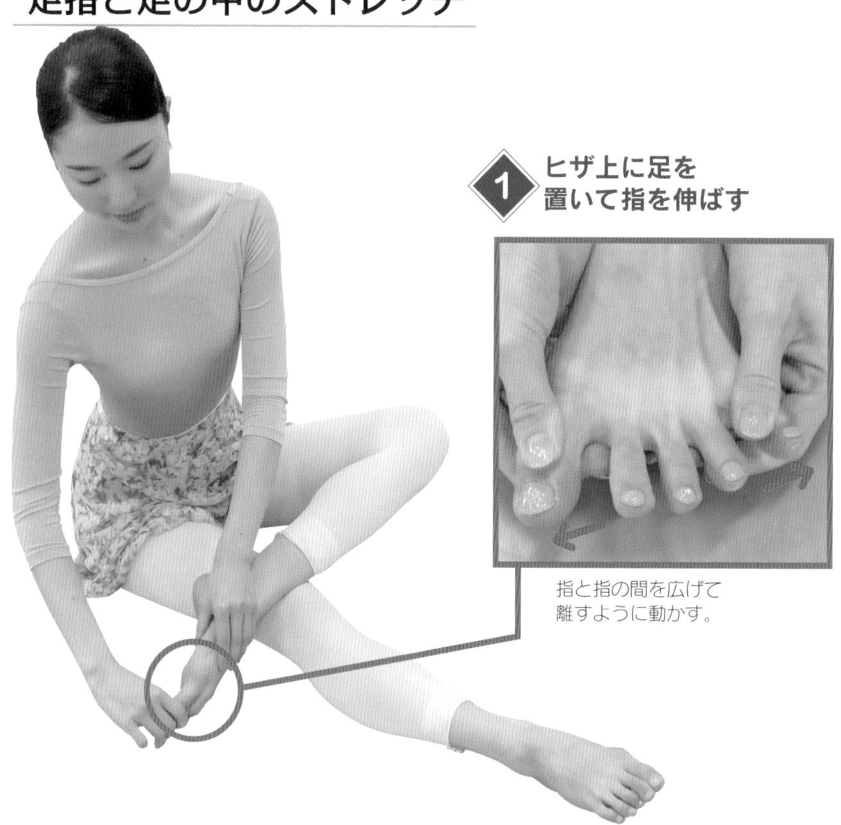

指と指の間を広げて
離すように動かす。

足先を伸ばしてスムーズに動作する

足先の末端の筋肉を動かすことで、カラダ全体が徐々に温まり、足先からヒザへ刺激がいき、自然と連動もスムーズになります。足先がしっかり動かないと、動き自体がガチガチになってしまい、ケガの要因に。

バレエのレッスン前には、必ずシューズを脱いで足先から丁寧にストレッチすることが大切。日頃から習慣づけて行いましょう。

◆ **アプローチする筋肉**

・足底の筋肉
・足首まわりの筋肉
・短指伸筋
・短母指伸筋

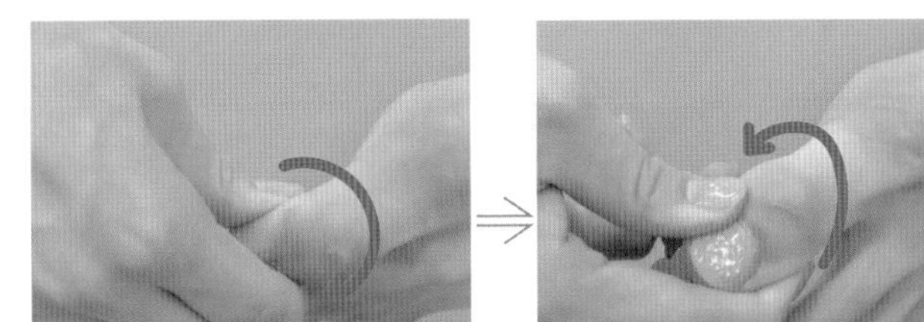

足指１本１本を捻じって動かす

１本の指をつまんで引っぱるようにしてから時計回り、反時計回りに捻じって動かす。全足指で行う。

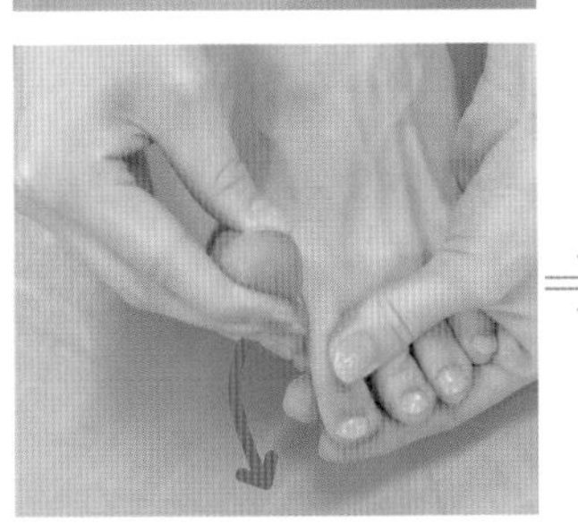

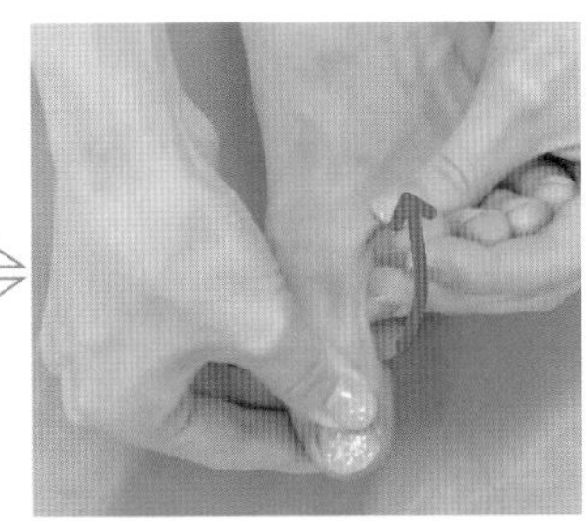

足指を上下させる

動かす指を１本ずつ上下させる。全足指で行う。

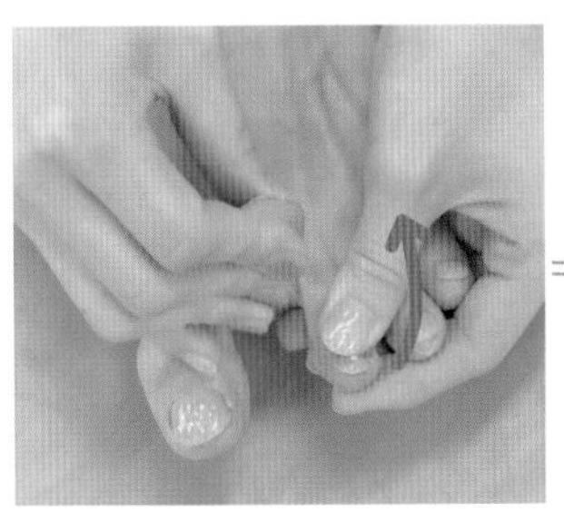

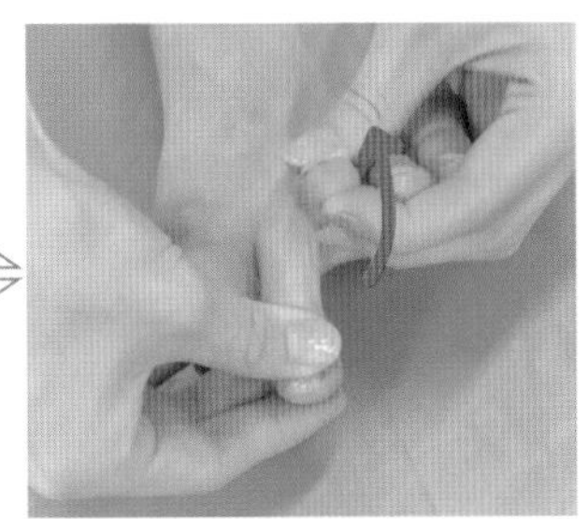

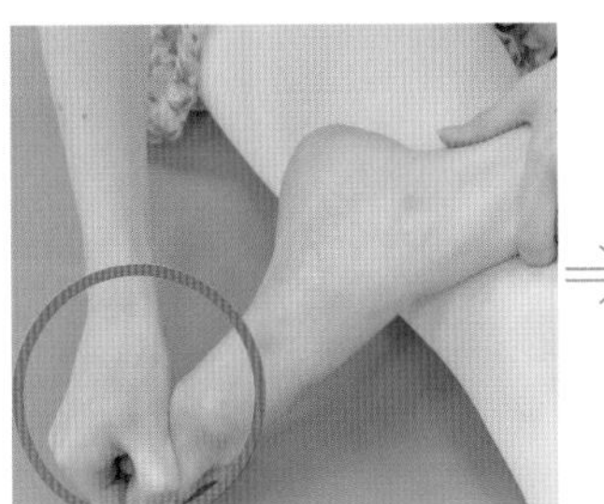

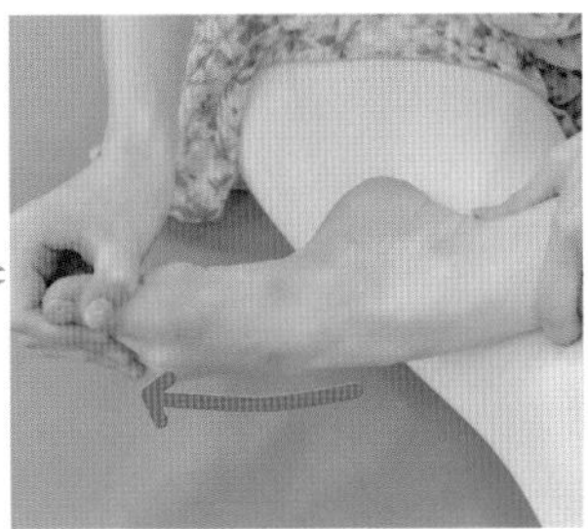

足の甲を伸ばす

片手で足首を持って固定し、足の甲を伸ばす。外側靭帯を伸ばさないように注意しましょう。それぞれ２～３回行う。

足首のストレッチ

1 足首をまわす

2 内横へまわす

3 内側へ向ける

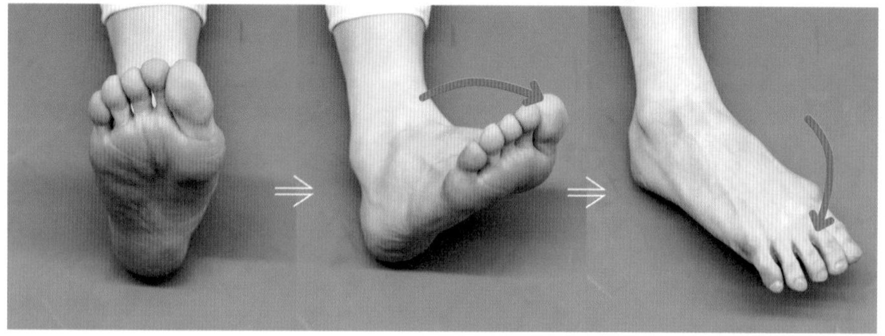

4 底屈させる（足先を足裏へ向ける）

5 外横へまわす

6 背屈させる（足先を反らす）

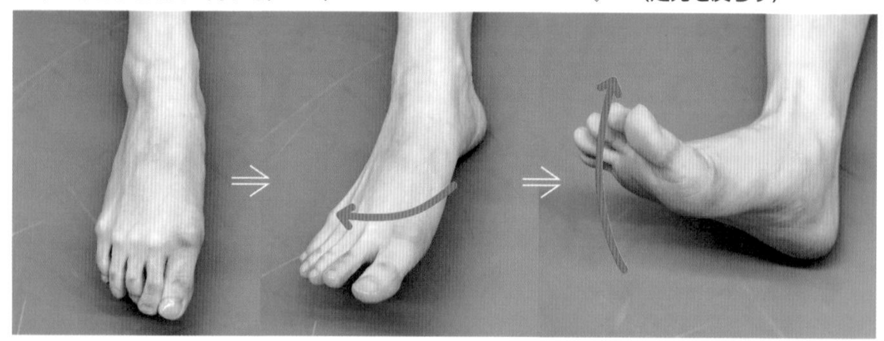

足首を内まわしと外まわし、どちらも数回程度行う。スムーズに大きな円を描くようにまわす。

足裏を意識して足指をスムーズに動かす

足裏を意識しにくい人は、特に足指もうまく動かないということがよくあります。足の裏（中足骨）を押すことでアーチがつくりやすくなり、足指を動かしやすく刺激しながら行うことで、その上につながるフクラハギの筋肉へと連動させることができます。

足裏の３つのアーチがきちんと働くことで、足裏の筋肉が働き、体を支えステップやジャンプをする時のバネや衝撃を吸収するクッションの役割をします。

◆ アプローチする筋肉

・長腓骨筋　・長趾伸筋
・前脛骨筋　・後脛骨筋
・足底の筋肉群

足指・足裏のトレーニング

足裏を押して
足指でグーパーする

足裏を
グーの状態にする

足裏を
パーの状態にする

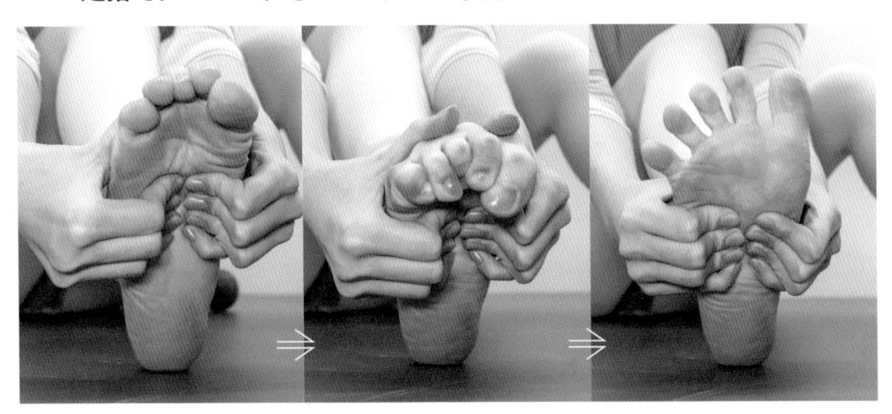

TIPS トレーニングボールで足裏をほぐす

トレーニングボール等を使い、足裏の筋肉をほぐす。ボールを足裏で転がしたり、または踏んだ状態でグーパーを行う。足裏をほぐして筋肉をゆるめてからエクササイズをするのがポイント。

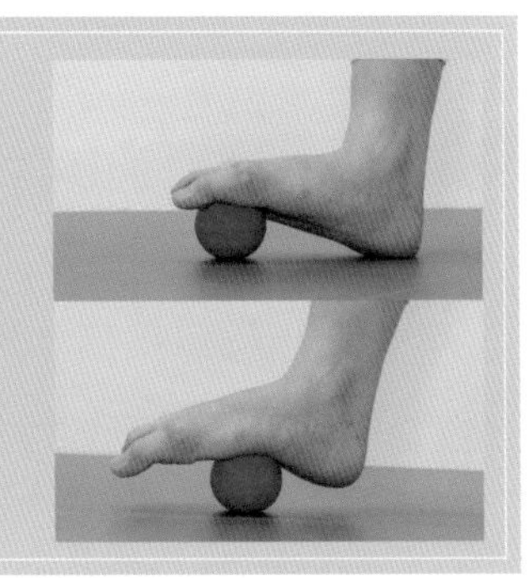

アンディオールのためのウォーミングアップ①

内転筋を伸ばして スムーズに足を開く

内転筋を伸ばすストレッチ

骨盤を後傾させて 足裏をあわせる

両手を後ろについて後傾になり、両足裏をカラダの前であわせる。

FRONT 30 秒キープして 内モモを伸ばす

筋肉に力が入っていないか意識しながら 30 秒キープ。まずはゆるめてリラックスする。

内転筋を伸ばしてターンアウトの準備

ターンアウトはバレエの基本ともいえる、脚を股関節のつけ根から外側に開く動作です。カラダがあたたまっていないと、関節がうまく動かず正しいターンアウトができません。

骨格や筋肉の柔軟性によっても、脚の開き具合は違ってきますが、内転筋群をしっかりストレッチしておくことで、正しいアンディオールが可能になります。

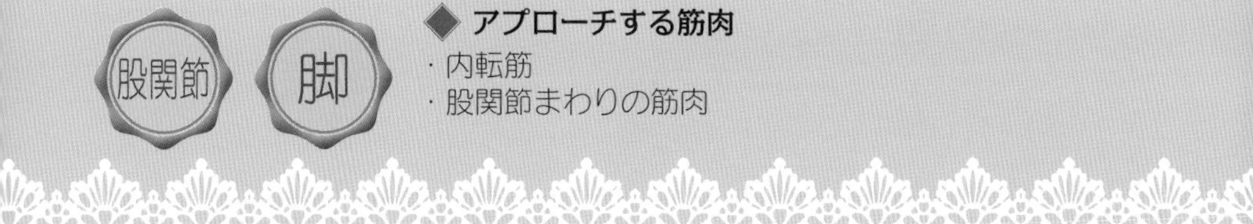

◆ **アプローチする筋肉**
・内転筋
・股関節まわりの筋肉

2 キープした体勢から ヒザを動かす

3 脚を上下させて 股関節を動きやすくする

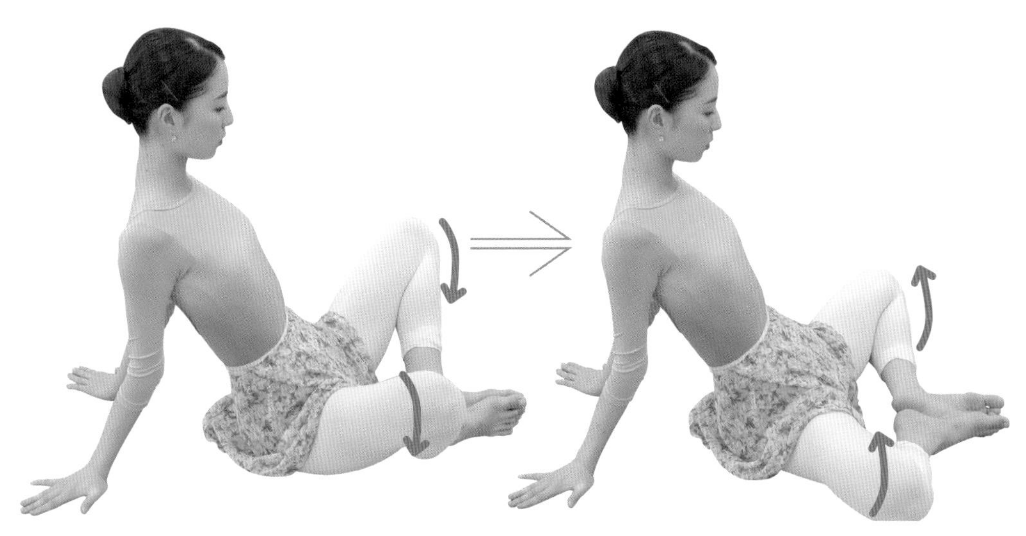

30 秒キープして内モモを伸ばしたら、両ヒザを上下させて股関節まわりの筋肉にもアプローチする。

脚を上下させる。10 回を目安に行う。

TIPS 前傾姿勢をとって さらに筋肉を伸ばす

股関節まわりの筋肉が柔軟な人は、レベルアップバージョンに挑戦。足を少し遠くにして両手でヒザを下に押しながら前傾姿勢をとり、筋肉が伸びていると感じたところで 30 秒キープ。

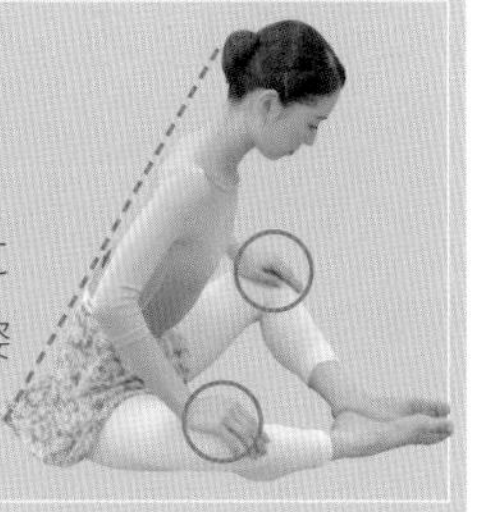

足を外に開いて片方ずつゆっくり伸ばす

股関節まわりとモモ裏のストレッチ

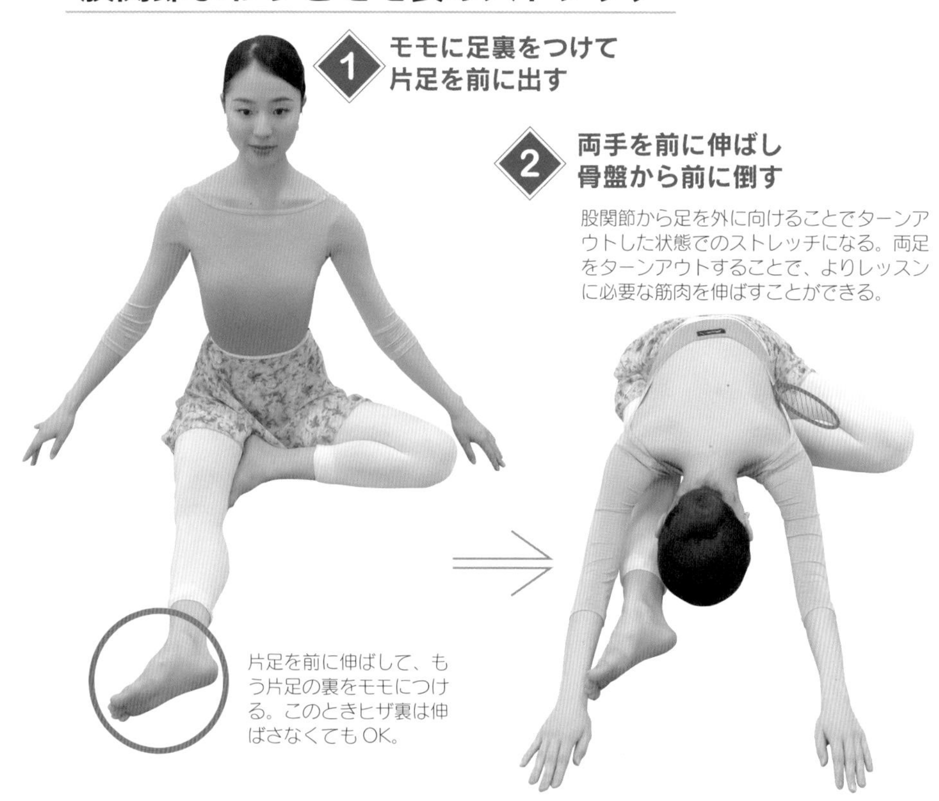

股関節から足を外に向けることでターンアウトした状態でのストレッチになる。両足をターンアウトすることで、よりレッスンに必要な筋肉を伸ばすことができる。

片足を前に伸ばして、もう片足の裏をモモにつける。このときヒザ裏は伸ばさなくてもOK。

段階的にカラダを前に倒す

正しいアンディオールをするためには、股関節まわりの筋肉はもちろん、お尻や内モモ、モモ裏の筋肉もしっかり稼働させなければなりません。

股関節から足を外に向けることでヒザ、足先まで外に向くことが大切。上体を倒す角度が大きくなるにつれ、足の向きが戻らないようターンアウトをしっかりキープしましょう。骨盤から倒すことが一番のポイント。

◆ **アプローチする筋肉**

・脊柱起立筋
・股関節まわりの筋肉
・殿筋群
・ハムストリングス
・内転筋

SIDE

背スジをまっすぐ伸ばす

骨盤を立て、背スジをまっすぐ伸ばした状態からスタート。

前にカラダを倒したとき、背中が曲がってしまうと股関節まわりやモモ裏の筋肉が伸びない。

遠く前を見るようにして倒す

真下を見ると背中が丸まりやすいので、遠く前を見るようにして倒していく。カラダを前に倒しながら、筋肉が伸びていると感じたところでストップ。伸びている感覚があれば、この状態をキープするだけでも効果がある。柔軟性が高い人は、ヒザの方へ下げて、お尻の筋肉も一緒に伸ばす。

柔軟性が高い人はさらにカラダを倒す

腕を前に引っ張るようにしてカラダをさらに倒していく。このとき背中はまっすぐに。30 秒キープしたらカラダを起こす。

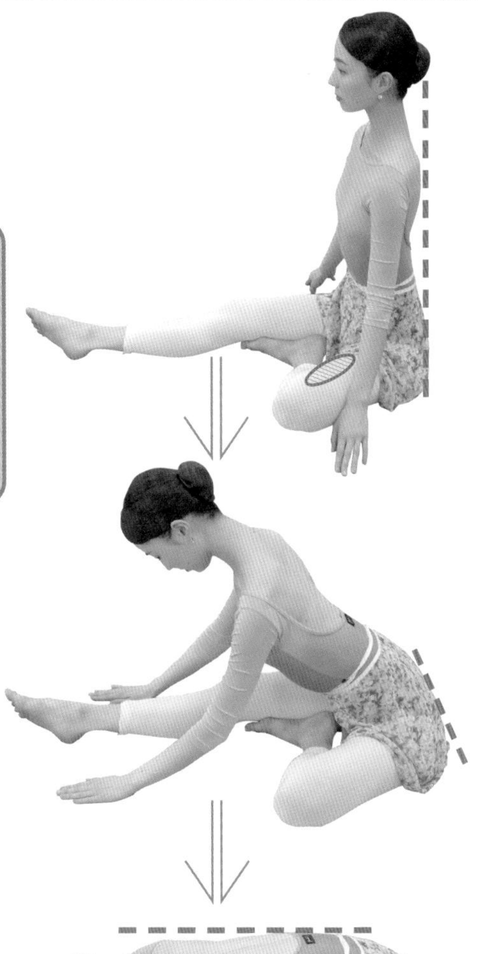

股関節まわりと内モモのストレッチ

1 片足を横に開く

背スジを伸ばして、片足を横に開く。このときフレックスしないことで徐々に内モモを伸ばす。

2 カラダを前に倒してキープ

上体をゆっくり前に倒し、伸びている感覚のあるところで 30 秒キープ。ゆっくりカラダを起こす。
※反対側も同様に行う

TIPS 両方の座骨をつける

伸ばしている側のお尻の骨（座骨）がつく所まで横へ開く。まずは足の開く角度を広げるよりも、骨盤をしっかり前傾させていくことが大切。

NG

上体を前に倒したとき、背中が丸まってしまったり、曲げている足側に上体をにがしてしまうと、伸ばしたい筋肉にアプローチできない。

インナーマッスルを伸ばし股関節をスムーズに切り替える

股関節まわりと腸腰筋のストレッチ

1 片脚を横に開く

ターンアウトを意識して脚の骨（大腿骨）を外側にまわす。横に伸ばした脚は、体が保てる限界の位置にしてスタートするのがポイント。骨盤を後傾させないように注意。

大腿骨をまわし横から後ろへ切り替える

足を前から横へ動かす動作には問題なくても、横から後ろへ動かす動作では脚の骨をスムーズにまわし、さらに上体の位置も切り替える必要があります。ターンアウトをキープしながら、脚を横から後ろへ動かすにはトレーニングが必要になります。股関節と上半身の動きをしっかり連動させることも大事です。このストレッチを行うことで、ロンドゥジャンプやフェッテアラベスクなどの動きにつながります。

POINT 08

アンディオールのためのウォーミングアップ④

◆ アプローチする筋肉

· 股関節まわりの筋肉
· 腸腰筋
· 腹筋群
· 脊柱起立筋
· 広背筋

脚の骨を内側にまわす

両脚の位置は動かさず、脚の骨（大腿骨）を内側にまわして上体を切り替える（上半身の向きを 90 度変える）。骨盤を立てるようにしてお尻には力を入れず、お腹の力は抜けないように注意する。

後ろへ伸ばしている足先を遠くに引っぱるように意識して行う。

股関節と体幹のトレーニング

1 脚を横に開き両手を組む

片脚を横に開き反対側は曲げる。両手は頭の上で組む。ヒザやツマ先を伸ばし、ターンアウトを意識してバレエのポジションで行う。

2 上体の向きを変える

両脚の位置は変えず上体の向きを変えて、足先の向きを体の後ろへ。伸ばした両手もそのままの状態をキープ。上体を引き上げることで、脚をスムーズに切り替えることがポイント。

アンディオールのためのウォーミングアップ④

◆ **アプローチする筋肉**
・股関節まわりの筋肉
・腸腰筋
・脊柱起立筋
・広背筋
・腹筋群

ゆっくり上体を倒す

両脚はそのままで、両手は真っすぐ伸ばして組んだまま上体をゆっくり倒していく。

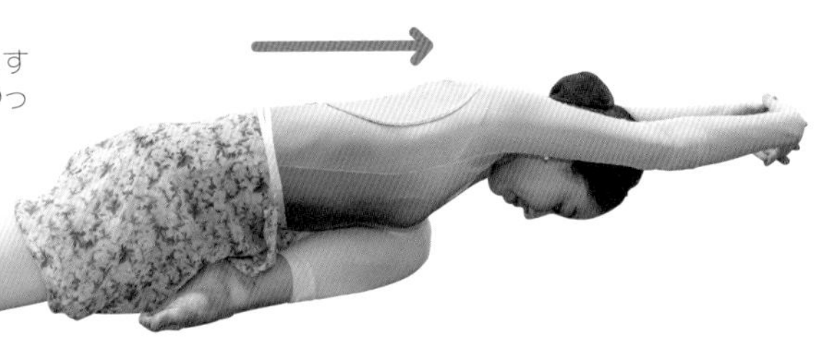

股関節の動作がアップする TIPS

P31 から 32 のトレーニングは、次の POINT09 の最後のストレッチ開脚から脚を後ろにまわすストレッチ (P 34) の助けになります。

上体をおこし繰り返す

上体を倒した後、ゆっくりとおこしてスタートのポジションに戻す。①から④をつなげて数回程度行う。

バレエで使わない動作を入れて関節の動きを良くする

◆ **アプローチする筋肉**
- 股関節まわりの筋肉
- 内転筋

股関節まわりのストレッチ

1 長座から脚を少し開く　　**2 脚全体を内外にまわす**

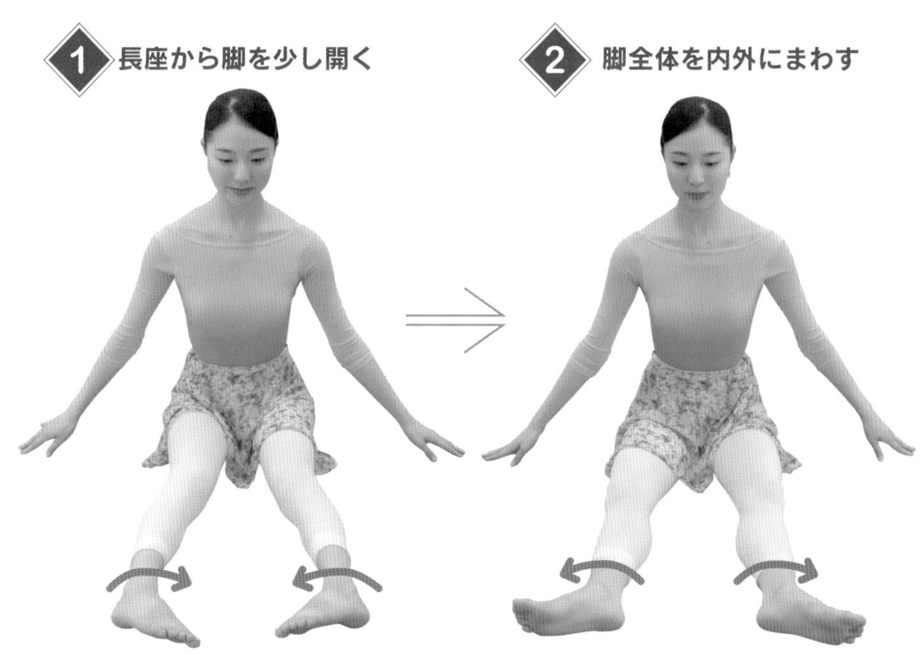

長座になって脚を少し開き、股関節から脚全体をターンインする。

脚全体を内側（IN）にまわしたら、次は外側（OUT）にまわす。一連の動作を5回程度、繰り返す。

力を抜いて骨を動かす

アンディオールではモモのつけ根から脚を外側に開きますが、その動作だけでは柔軟性があがってきません。バレエで使わない逆の動きを取り入れつつ、脚を外側に開いていくことがポイントになります。

このストレッチは一連の流れで、最初は「IN → OUT」の動作を繰り返して脚を付け根から動かし、徐々に足を横に開いていきます。

POINT 09

アンディオールのためのウォーミングアップ⑤

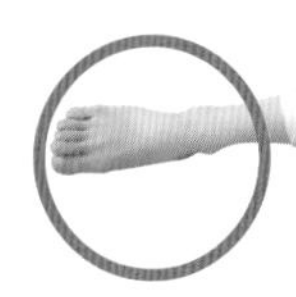

両足を横に開く

「IN → OUT」の動作から、背スジを伸ばして両足を横に開く。このときフレックスしないことで、内モモの筋肉を徐々に伸ばしていく。

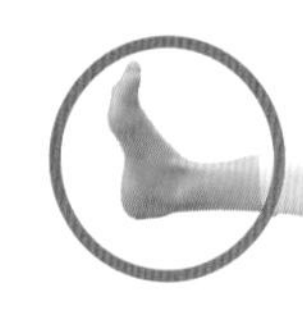
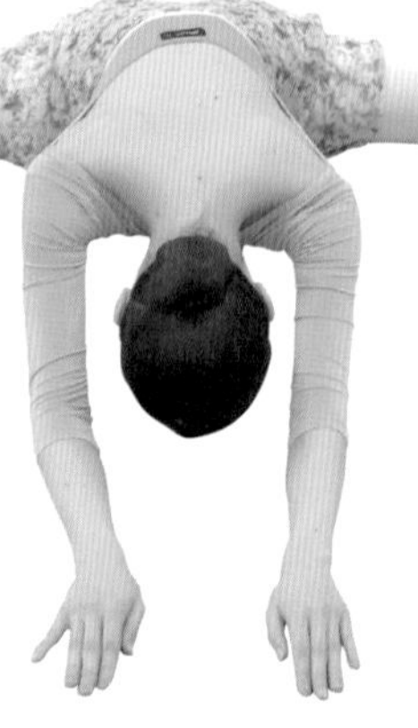

カラダを前に倒してフレックスする

上体を前に倒し、30 秒キープ。余裕があればターンアウトしてさらにフレックスを入れるとよりバレエのポジションに近くなる。

TIPS 内転筋を伸ばして脚をスムーズに動かす

最初は足先をリラックスすることで、急な刺激を起こさないように内転筋を伸ばすことがポイント。内転筋が伸びてくることで、股関節の動きもスムーズになる。柔軟性が低い人は、上体を前に倒し骨盤が前傾になったところのキープで伸びが感じられるはず。

首や肩、腕をしなやかに表現力をアップする

◆ アプローチする筋肉
・僧帽筋　・肩甲挙筋
・胸鎖乳突筋　・頭半棘筋
・広頚筋　・頭板状筋

首まわりのストレッチ①

首で円を描くようにまわす

リラックスしてあぐらをかき、首でゆっくり円を描くようにまわす。時計回りでまわしたら、反対側にもまわす。各2周ずつ行う。肩の動きを出さないようにすることでより首へのストレッチが高まる。

表現のポイントになる首や肩、腕をほぐす

バレエにはセリフがないため、微妙なニュアンスは「顔のつけ方」や「上体」「腕の使い方」などで表現していきます。また、肩がさがった姿勢をバレエでは常にとり続けなければならないため、首や肩まわりの筋肉に大きな負荷がかかります。

スムーズでしなやかな動作をつくるためにも、ストレッチでほぐしておく必要があります。

◆ **アプローチする筋肉**

・僧帽筋
・胸鎖乳突筋
・三角筋
・上腕二頭筋
・上腕三頭筋

首まわりのストレッチ②

1 肩をおさえて首を横に向ける

片手でアゴを押し首のまわりの筋肉を伸ばす。肩を押さえることで、肩が浮きあがらず狙った筋肉にアプローチできる。10 秒キープ。

首まわりのストレッチ③

1 指先でアゴを下から押す

両手でアゴを下から押し、首のまわりの筋肉を伸ばす。10 秒キープ。首の後ろに負荷が掛かり過ぎないように注意する。

二の腕と肩のストレッチ

ヒジを引いて 二の腕と肩を伸ばす

ヒジを横に出して片手で持ち、ヒジを横方向に引く。そうすることで持っている腕の二の腕や肩をストレッチできる。

斜め上に引いて 伸ばす方向を変える

ヒジの引く方向を斜め上にする。そうすることで筋肉の伸ばす方向を変えることができる。ヒジが曲がったり、上体にひねりが入らないよう注意。10～15秒キープする。

二の腕のストレッチ

腕を後ろにして 片手を背中につける

腰が反らないよう注意し、両手を後ろにまわしてヒジを手で押し、指先を背中の方向に伸ばす。手を背中につけることでストレッチ強度がアップする。10～15秒キープする。

カラダが かたければ 背中から手を離す

手を背中につけないとストレッチ強度がダウンする。カラダがかたい人は、徐々に柔軟性をアップさせていく。

レッスン前のウォーミングアップ

POINT 11

背骨を動かして しなやかな上半身をつくる

体幹のストレッチ

あぐらの姿勢で座る

背骨を横へ動かす

あぐらの姿勢で座り、姿勢を真っすぐにする。

背骨を意識しながら横方向へ動かす。できる限り大きく背骨で円を描くようにまわす。

背骨の可動域をアップさせる

背骨には首・胸・腰の部分がありますが、各部分によって可動域が違います。踊りのなかでは首はもちろん、背骨の胸椎部分で曲げる、反る、左右にまわす、横へ倒すといった多くの動きを出します。

腰部分は本来、可動域が少なく、安定させるべき場所になります。背骨を動かして、安定させたい腰の部分の可動域に頼らないように、胸（背骨）の部分をしっかり動かしておきましょう。

◆ **アプローチする筋肉**

- 腹直筋
- 腹横筋
- 広背筋
- 菱形筋
- 外腹斜筋
- 内腹斜筋
- 棘下筋
- 脊柱起立筋
- 多裂筋

背骨を後ろへ動かす

背骨をできるだけ後ろへ動かしていく。背骨を左右や後ろ方向へと動かし、可動域を高める。

ブロック状の骨が連なり背骨を形成している

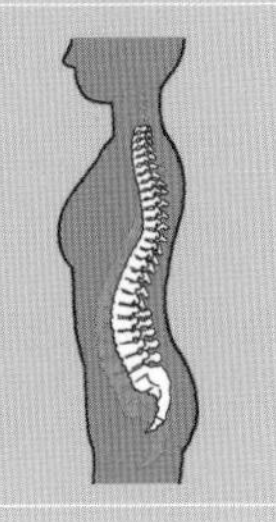

背骨は椎骨というブロック状の骨が 24 個連なっている。その構成は、首周辺の頚椎が 7 個、胸周辺の胸椎が 12 個。腰部分の腰椎が 5 個となる。

レッスン前のウォーミングアップ

体を引きあげて体の軸を安定させる

体の引きあげストレッチ

背中を丸めて背筋群を伸ばす

息を吐きながら両手を頭の上で組んで、頭をさげて上体を丸める。

2 背骨を上にまっすぐ伸ばす

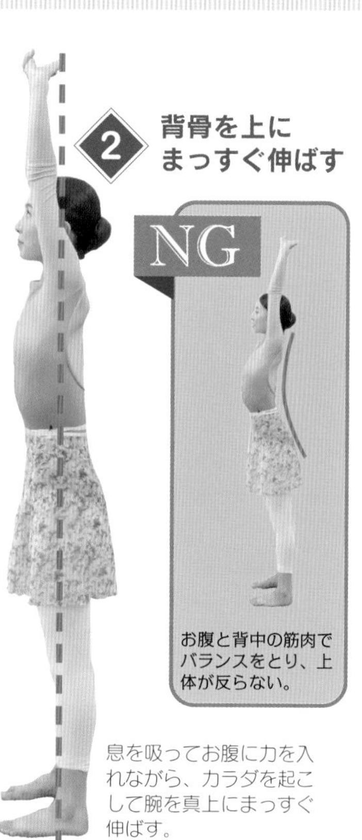

お腹と背中の筋肉でバランスをとり、上体が反らない。

息を吸ってお腹に力を入れながら、カラダを起こして腕を真上にまっすぐ伸ばす。

体の軸になる筋肉にスイッチを入れる

バレエでは上体の引きあげ動作が重要です。レッスンではより意識して「上体の引きあけ」を行うことがスムーズに踊るポイント。しかし、十分にウォーミングアップできていないと、うまく動作することができません。ここでは上体を引きあげる際に使うインナーマッスルや姿勢の維持に働く、脊柱起立筋などにスイッチを入れ、軸の安定をはかります。

◆ **アプローチする筋肉**

・腹直筋
・脊柱起立筋
・腹斜筋
・上腕三頭筋
・上腕二頭筋
・腹横筋
・広背筋
・腰方形筋
・腸腰筋

3 上体を伸びたところから倒す

4 反対側も同様に体側を伸ばす

まっすぐ伸びた状態から、息を吐きながらカラダを倒して体側の筋肉を伸ばす。

※足裏が浮かないように注意！

息を吸いながら上体を真上に戻し、一旦カラダを止めて反対側にも息を吐きながら上体を倒す。左右2往復行う。

TIPS 引きあげたところから肩を後ろに動かす

バレエではカラダを引きあげたところから、お腹や背中の筋肉を使って姿勢を維持し、踊ることが必要。ここでは引きあげてから上体をキープし、肩を後方に動かしてみましょう。

カカトを床につけて フクラハギを中心に伸ばす

下半身のストレッチ

バーをつかんで 片足を後ろに伸ばす

両手でバーをつかんで片足を前にし、後ろに伸ばした足のカカトを床につける。前足に踏み込むように意識することでフクラハギの筋肉に働きかける。10～15秒キープ。

カラダを前に倒して 上体を伸ばす

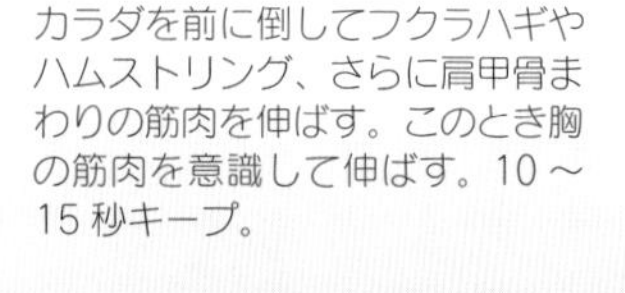

カラダを前に倒してフクラハギやハムストリング、さらに肩甲骨まわりの筋肉を伸ばす。このとき胸の筋肉を意識して伸ばす。10～15秒キープ。

バーを使って自分の体重をかける

レッスン前には、バーを使ったストレッチでウォームアップ。バーを使って自分の体重をかけることで、しっかり伸ばすことができます。

特にバレエで負荷がかかる下半身の筋肉は、ケガ防止のためにも正しいフォームでストレッチすることが大切。カカトが浮いてしまったり、足先がまっすぐ向いていないと、狙った筋肉に正しくアプローチできません。

◆ **アプローチする筋肉**

・大胸筋
・下腿三頭筋
・ハムストリング

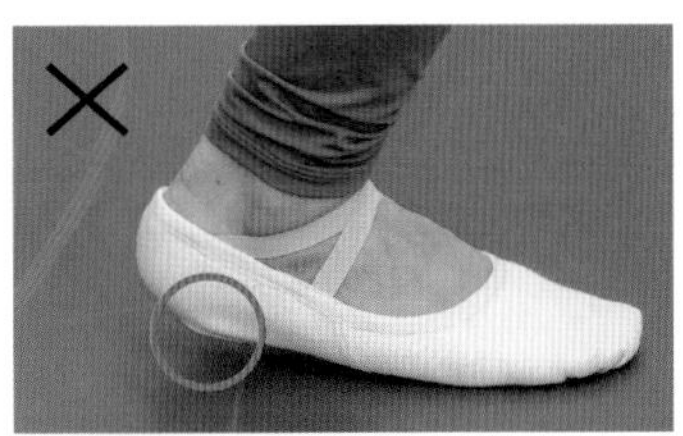

カカトが浮いているとフクラハギの筋肉の伸びが少なくなる。

ツマ先がバーに向いていないと、伸びる筋肉の方向が変わってしまう。

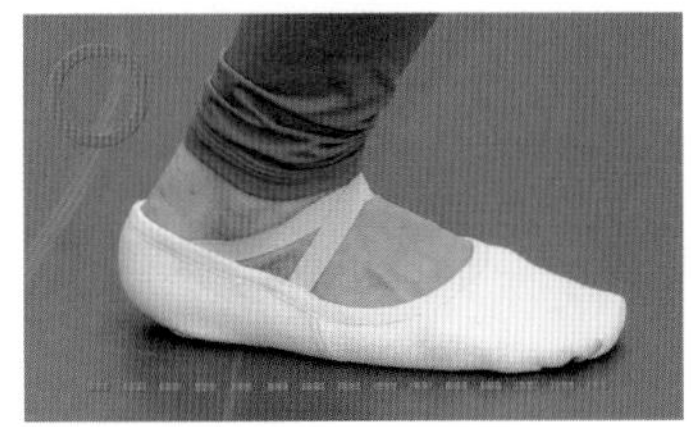

ツマ先をバーにまっすぐ向けて、常にカカトをつけた状態で動作する。

後ろに伸ばしたカカトが浮くと、限界を超えたストレッチになりキケン。

後ろに伸ばした足のカカトが浮いているのはNG。効果的に伸ばせていない。

TIPS レッスン前のウォーミングアップはメニューを選んで行ってもよい

レッスン前のウォーミングアップは、座位姿勢が中心のPOINT05からPOINT12までか、バーを使ってのPOINT13から18までのどちらかでもよい。コンディションや状況に合わせて行う。

バーを使ってウォーミングアップ②

脚

◆ アプローチする筋肉

・ハムストリング　・大胸筋　・大腿四頭筋
・僧帽筋　・大円筋　・長趾伸筋
・腸腰筋　・広背筋　・足底筋

股関節まわりと裏モモのストレッチ

1 両腕をバーに乗せる

両腕をバーに乗せて、肩を入れるようにして胸や肩、腹筋を伸ばす。このときモモ裏の筋肉も意識する。10 ～ 15 秒キープ。

2 前足を開いて後ろ脚を伸ばす

バーを持ち前足を外側に向け、後ろ脚は真っ直ぐ後方に伸ばし、主に腸腰筋などを伸ばす。カラダを前に倒すとストレッチは弱くなる。10 ～ 15 秒キープ。

NG

カラダや骨盤を開いてしまうと、狙った筋肉である股関節のインナーマッスルである腸腰筋にアプローチできない。

TIPS 内転筋群をさらに伸ばす

上のバーを使ったストレッチとは、違う方向に股関節まわりを伸ばす。床に手をつき片脚のヒザを立て、もう片脚は横にまっすぐに。このとき両足の開き具合がバラバラにならないよう同じ角度で開く。

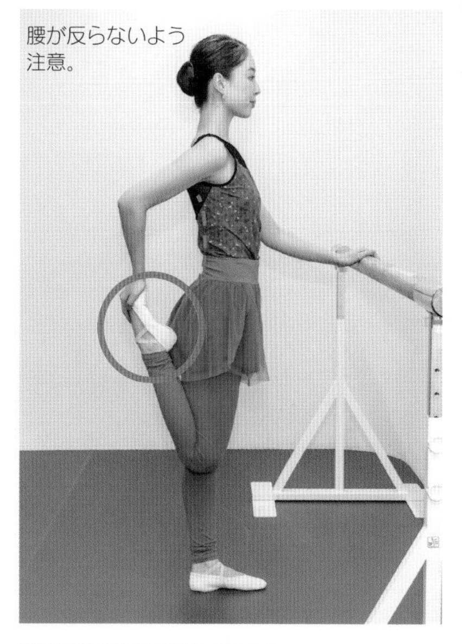

前モモのストレッチ

足先を上に引く

片手はバーを持ち、もう片足の先を持って上に引き上げる。そうすることで大腿四頭筋などを伸ばす。10 ～ 15 秒キープ。

足の裏と甲のストレッチ

バーを持ち ツマ先立ちになる

片足を床につけ 片足の甲を伸ばす

足を交互に 動かす

姿勢をまっすぐ維持し、ツマ先立ち（ドゥミ）で立つ。

片足を床につけながら、もう片足はヒザを曲げて前へ。足の甲をしっかり伸ばす。

姿勢を維持しながら両足を交互に動かし、足の甲と足裏をストレッチする。交互に5セット行う。

バーを使ってウォーミングアップ③

POINT 14

正しく立ち コーディネーションを良くする

パラレルでチェックする

1 片脚を上げてバランスをとる

2 パラレルでプリエへ

6番ポジション（パラレル）で片脚を上げてバランスをとる。バランスがとれているか両脚をチェック。親指と小指、カカトの3点を意識する。30秒位バランスをとる。

脚を揃えた6番(パラレル)からさらにルルベで甲を伸ばす。

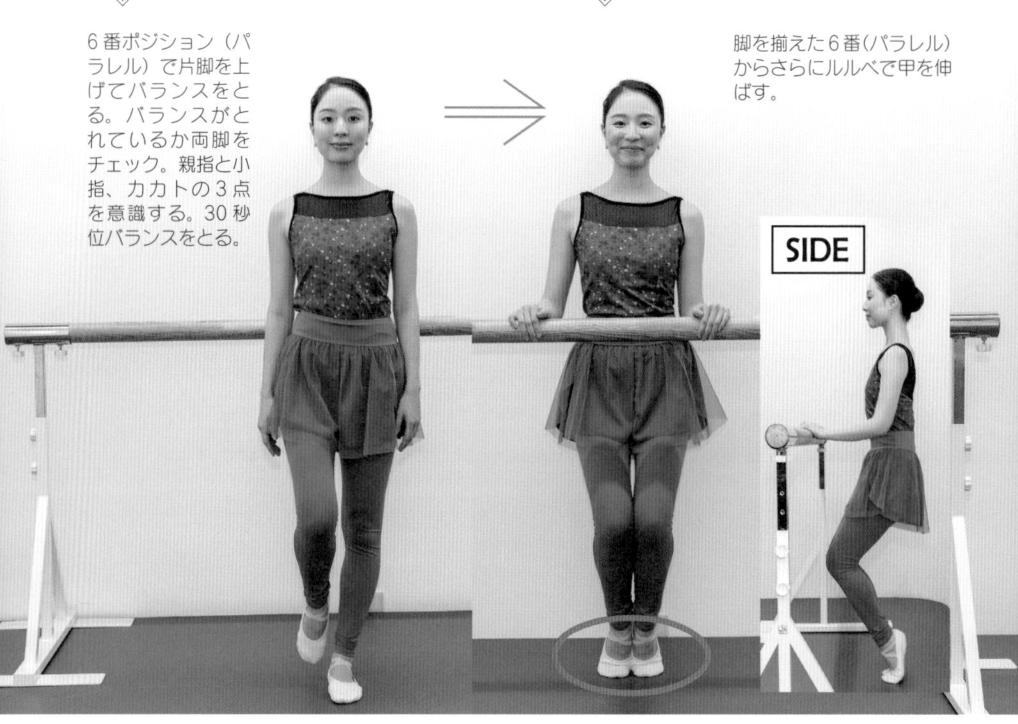

正しく体重をのせる

足裏のどこに体重をのせて立つかにより、体のアライメント（骨等の配列）が決まります。親指と小指、カカトの3点を意識して、土踏まず側や小指側に体重がのりすぎていないかチェックしましょう。

まずはきちんと立つこと。その上でターンアウトポジションへ。片脚でバランスをとることで全身のコーディネーションができ、その後の

◆ **アプローチする筋肉**

- 前脛骨筋
- 後脛骨筋
- 腓腹筋
- 長趾伸筋
- 長母趾屈筋
- 足底筋
- 短趾伸筋
- 短母趾伸筋
- 短趾屈筋

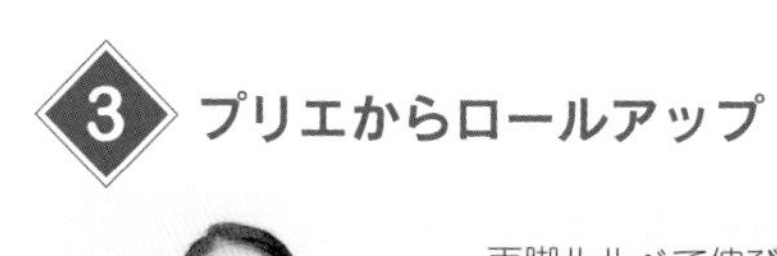

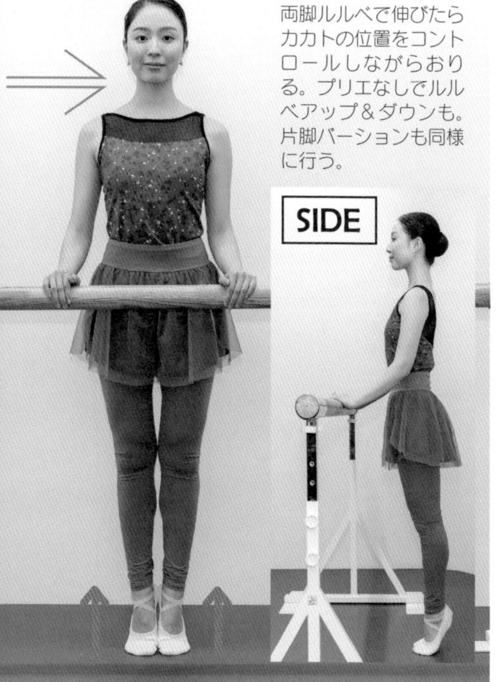

両脚ルルベで伸びたらカカトの位置をコントロールしながらおりる。プリエなしでルルベアップ＆ダウンも。片脚バージョンも同様に行う。

レッスンがグンとやりやすくなるはずです。足裏から上に向かって各筋肉につながっていくので、足こそ最も大切な土台です。

TIPS カカトの位置をコントロールする

立つ時や降りる時、ゆっくりと行うことで足裏や足首を鍛えることができる。アテールとハイルルベだけではコントロールして降りることができるようにはならない。カカトの位置をコントロールするように意識するのがポイント。6番のパラレルでできるようになったら、1番でも同じ動きをしてみよう。1番ポジションで行うときは、足の向きが変わらないようターンアウトをキープすることも大事。

バーを使ってウォーミングアップ④

POINT 15 股関節まわりのダイナミックストレッチ

脚を後方に振り上げる

ヒザを曲げて脚を振り上げる

反動を使って高い位置まで上げる

カラダをやや倒しながら脚を後方に振り上げる。

力を入れ過ぎずに、軽く動かす。

反動を使いながら脚を上げ、リラックスさせて脚を下す。

ダイナミックストレッチで筋肉を目覚めさせる

　ダイナミックストレッチは、バレエ以外のスポーツでも行なわれるウォーミングアップです。カラダ全体を温め、筋肉を目覚めさせることができます。ウォーミングアップの仕上げとして、各動作を5往復程度、行いましょう。

　股関節を動かすことが大事になり、ヒザやツマ先の伸びは気にしなくて良いです。

両手バーで立つ

両手でバーを持ち、外側へ片脚を横に軽く振り上げる。

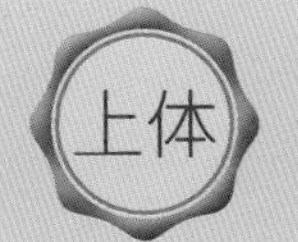

◆ アプローチする筋肉

・腹筋群　・腸腰筋　・内転筋群
・ハムストリングなど　・背筋群

軸足を通過する

ヒザを曲げて脚を振り上げる

力を抜いて反動で脚を上げる

脚を下ろしたらそのまま通過して後ろへ。

力を入れ過ぎずに、軽く動かす。

反動を使ってさらに脚を後方に振り上げて、力を抜いてスタートに戻る。再度前へ繰り返す。各5往復。

内側へ足を上げる

上がり切ったところから力を抜いて戻す

力を抜いて反動で脚を上げる

立っている足を通過して内側へ足を上げる。

さらに脚を横上に振り上げて、力を抜いてスタートを通過する。

さらに脚を横上に振り上げて、反動を使ってスタートに戻る。各5往復。

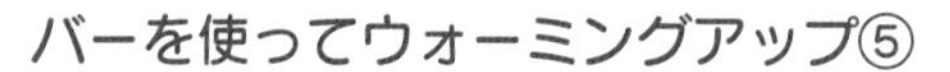
バーを使ってウォーミングアップ⑤

POINT 16

股関節をまわし脚を上げやすくする

股関節まわりのトレーニング

1 両手を交差してバーを持つ

股関節を動かしレッスン効果をアップ

股関節まわりの筋肉を大きく動かすことでレッスンでの動きが大きく変わります。脚を高く(90度あたり)まわす動きは、脚の向きを切り替えながら上体の位置も変化させていく必要があるので、レッスン前に行うと効果的。脚を上げてキープするときの体幹トレーニングにもなります。

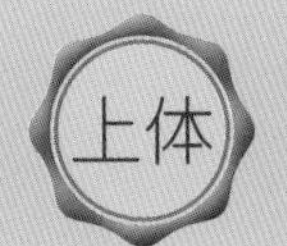

◆ アプローチする筋肉

- 体幹（腹筋・背筋）
- 股関節まわりの筋肉
- 殿筋群

片脚を上げて股関節をまわす

横から後ろへまわす

両手でバーを持って体を支えながら、片脚を上げて股関節を横へまわす。

横から後ろへまわし、後ろから反対まわしも行う。いずれも２～３周まわし、反対側の脚も同様に行う。

股関節まわりのトレーニング

1 片手でバーを持つ

2 片脚を上げて前へ

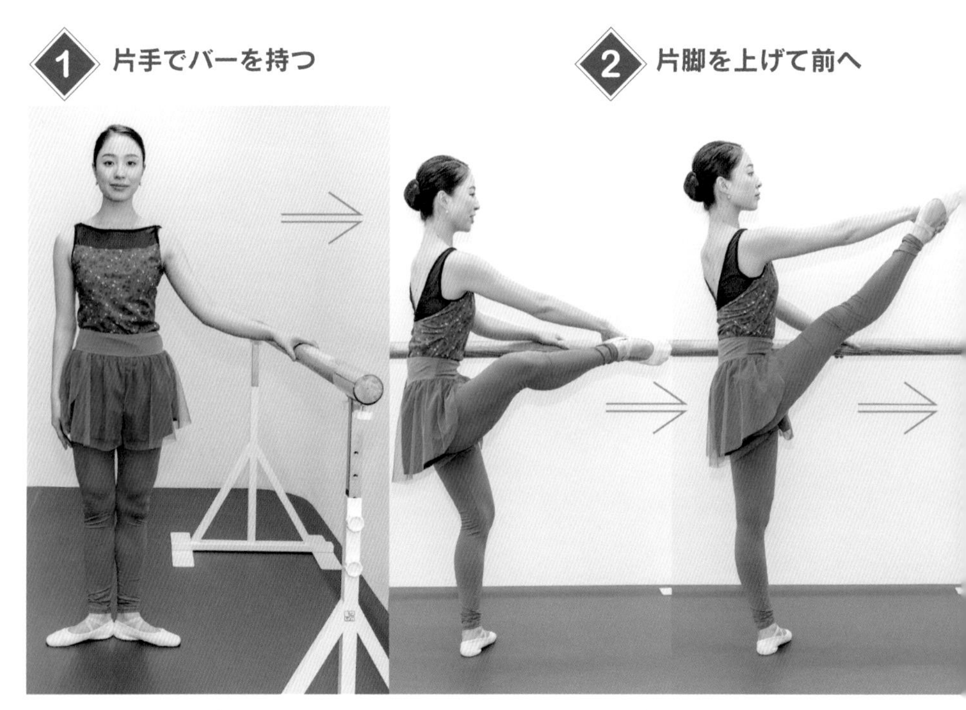

片手でバーを持ち、足は
1番ポジションで立つ。

軸足はストレッチさせ、反対の脚は
手で足先を持ち前へ。

NG

背中が丸くなっている、軸足のヒザが曲がっている、お尻が出ている、上体が崩れているなど、悪い姿勢で行わないようにする。上げている脚を伸ばし切るのが難しいなら、アチチュードにしたまま軸足はしっかりと伸ばして行う。

◆アプローチする筋肉

・腹筋群　・殿筋群　・大腿筋膜張筋
・広背筋　・ハムストリング　・足底筋群
・腸腰筋　・内転筋群

横へまわす

斜め後ろへまわす

後ろへまわす

手で上げた脚を持ちながら横へまわす。

脚を横から斜め後ろへまわしていく。できるだけ上半身を保ったまま行う。

脚を持つ手を移動させながら、脚は斜め後ろから体の後ろへまわす。このとき、上体は前に倒しても良い。

足の持ち方3パターン

足の持ち方には、内側から持つ❶、足裏から手をまわす❷、足裏からツマ先まで手をまわす❸という3つのパターンがある。

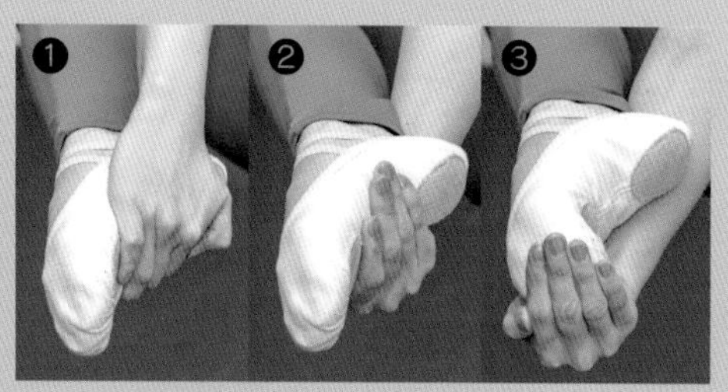

左から徐々に難易度がUPする。

バーを使ってウォーミングアップ⑥

体幹を中心に ストレッチする

◆ **アプローチする筋肉**

・大胸筋　・脊柱起立筋
・腹直筋　・腹横筋
・腹斜筋

体幹のストレッチ

足を前後に開き 腰をひねる

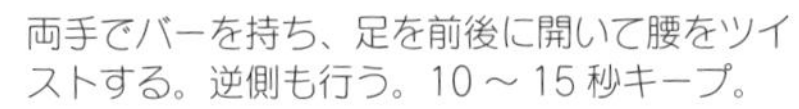
両手でバーを持ち、足を前後に開いて腰をツイストする。逆側も行う。10 ～ 15 秒キープ。

バーを握り 上体を反らす

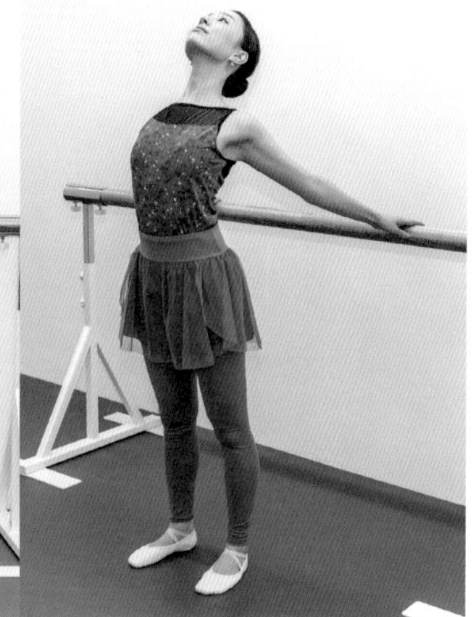

後ろ手でバーを持ち、胸を反り、肩や胸、お腹を伸ばす。10 ～ 15 秒キープ。

バーを使ってしっかり体幹を伸ばす

　お腹まわりの捻りやろっ骨を広げるような動作は、バレエレッスンの中では多くはありません。しかし、カラダ全体が連動し、なめらかでスムーズな踊りを実現するためにもあらゆる方向のストレッチが必要です。

　アプローチする筋肉は、どちらも大きなパーツですが、バーを使うことで「捻る」「反る」という動作に集中できます。

体幹の使い方をチェックする

体幹トレーニング

バーを後ろ手に持つ

上体を倒す

6番ポジションで立ち、バーを後ろ手で持つ。

上体を真っすぐ保ちながら、前へ倒していく。

上体を前後させて体幹を鍛える

レッスンの中では、カンブレという動きがあります。脚のターンアウトを保ちながら、上体を前に倒すのはかなりの体幹の筋力が必要です。また、起き上がる動きも同様に体幹を保つのが難しい動きです。最初は背中を丸めてロールアップで起きてくる形で行い、徐々に真っすぐできるようにしましょう。

バーを使ってウォーミングアップ⑦

◆ アプローチする筋肉
· 腹筋群
· 背筋群
· ハムストリング

3 上体を脚につける

上体を少しずつ倒しながら脚につく程度まで近づける。

4 上体を起こす

上体を真っすぐに保ちながら、徐々に起こしていく。

ウォーミングアップの流れを習慣づける

1番ポジションでこの動きを行うことで、レッスンでのカンブレの動きと同じになる。

PART 3

バレエの正しい姿勢を身につける

トレーニングで理想のポーズに近づく

バレエの正しいポーズを意識した姿勢づくり

「もう少し足を高くあげたい」「ピルエットを安定させたい」「キレのあるアレグロを踊れるようになりたい」など、さらに理想の踊りに近づき、美しさに磨きをかけたいなら、日常生活のなかにストレッチを取り入れていく必要があります。レッスンの有無にかかわらず、毎日バレエを意識した動作を行うことで、難しいとされるポーズでも徐々に近づくことができるのです。

ウォーミングアップで紹介したストレッチと動作の基本は同じ。しかしバレエの正しい姿勢を意識した要素が加わるため難易度がアップします。

股関節のストレッチでは、バレエでの前後開脚（スプリッツ）や足上げ動作を意識します。上体を動かすストレッチでは、骨盤を立てて、背中をまっすぐ意識することで正しい姿勢がキープできます。バレエの表現で重要な役割を担う顔や手などは、首や肩まわりの筋肉に柔軟性を持たせることで、しなやかでスムーズな動きが可能になるのです。

そのためには日々の地道なトレーニングが必要です。お風呂上りや就寝前にストレッチを行うタイミングを決めて、コツコツ毎日続けることが大切です。続けていくことで、カラダの変化やレッスンでの動きの違いを実感できるでしょう。

股関節を開きながら柔軟性をアップする

股関節まわりと内転筋、お尻のストレッチ

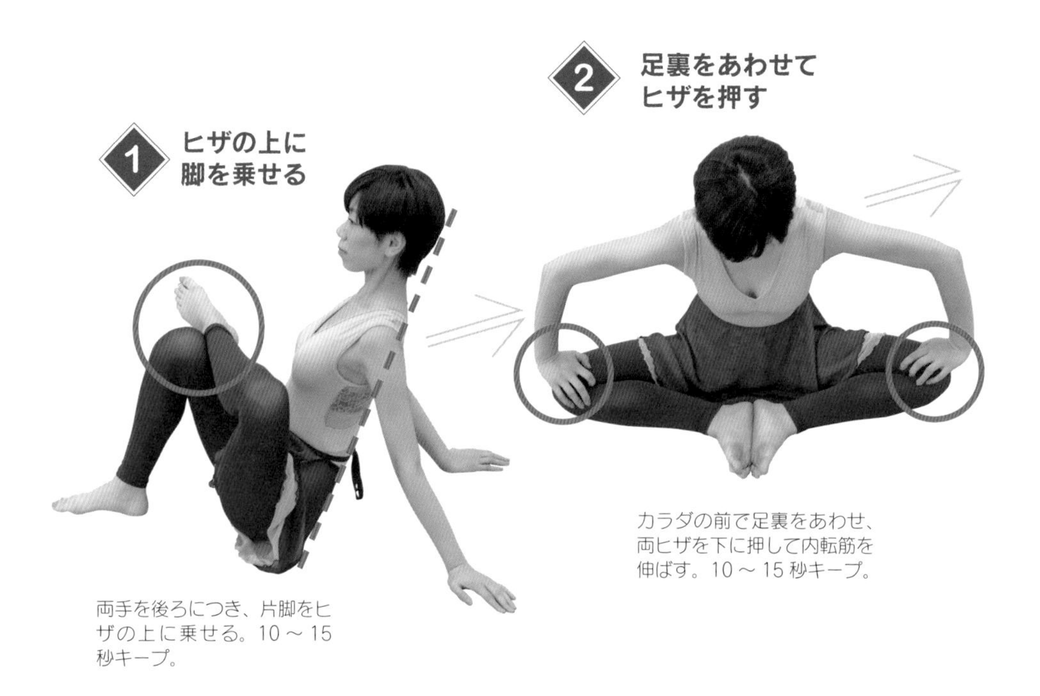

両手を後ろにつき、片脚をヒザの上に乗せる。10 ～ 15 秒キープ。

カラダの前で足裏をあわせ、両ヒザを下に押して内転筋を伸ばす。10 ～ 15 秒キープ。

お尻を伸ばすことで脚がスムーズに開く

開脚をするためには、股関節まわりの筋肉を細かく伸ばす必要があります。しかしスムーズに開脚するためには、お尻の筋肉をしっかり意識して伸ばしておくことがポイントです。脚を付け根から外側にまわすときは、お尻の筋肉をゆるめるよう意識しましょう。

そこから内転筋を伸ばし、次に片方ずつ脚を開き、完成形に近づけます。

◆ **アプローチする筋肉**

- 内転筋
- 股関節まわりの筋肉
- 大殿筋
- 中殿筋

3 片脚を伸ばして両手を床につける

片脚は伸ばし、もう片脚のヒザは曲げてカラダを前に倒す。片方のヒザを曲げることでお尻の筋肉も伸ばす。10 〜 15 秒キープ。

4 両脚を伸ばして両手を床につける

両脚を開いて、骨盤から前に倒す。カラダの軸がブレないよう手をまっすぐ前につく。10 〜 15 秒キープ。

TIPS 背中を倒すことでラクに伸ばすことができる

脚を前に高く上げたり上体を前屈させるためには、お尻の柔らかさも必須。上で紹介しているストレッチは、段階的に難易度がアップ。痛すぎないように、伸びている感覚をコントロールして柔軟性を高める。

姿勢づくりのストレッチ②

ヒザ裏とモモ裏で伸ばす感覚を養う

フクラハギとモモ裏のストレッチ

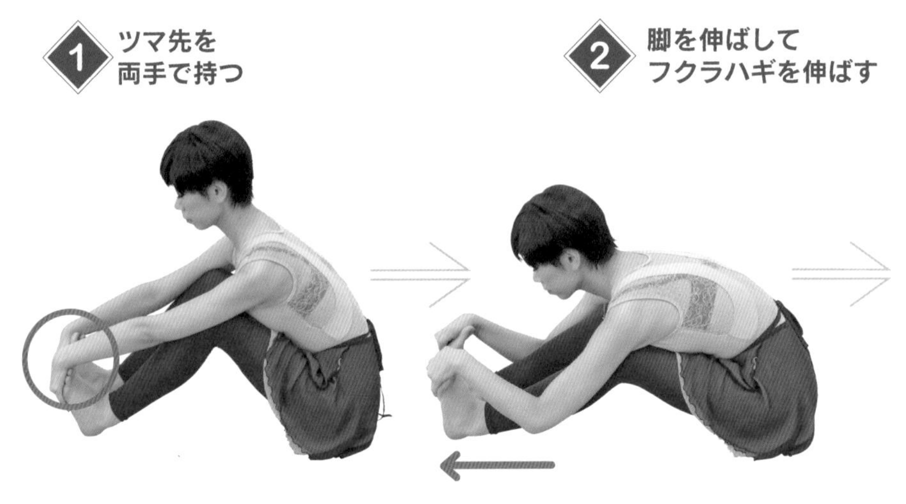

ヒザを曲げて、ツマ先を両手でつかむ。このときモモとカラダを密着させる。

体は密着したまま、脚を伸ばしてフクラハギを伸ばす。

骨盤をしっかり倒して前屈する

バレエの姿勢では、カラダを引き上げると同時に、床を押す反対の動作が求められます。そのためには脚の裏側にあるハムストリングや下腿三頭筋の働きが不可欠です。最初はヒザを曲げた状態からはじめ、徐々に脚をストレッチして行きましょう。

完成形は前へのカンブレの状態をイメージしてください(6番ポジション)。骨盤をしっかり前傾させて背中をまっすぐに伸ばしましょう。

◆ **アプローチする筋肉**

・下腿三頭筋
・ハムストリング
・脊柱起立筋
・広背筋

脚を伸ばして モモ裏を伸ばす

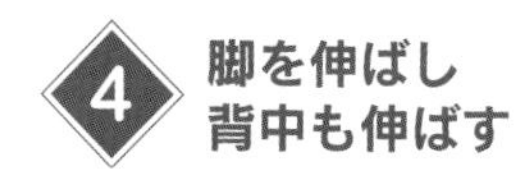

脚を伸ばし 背中も伸ばす

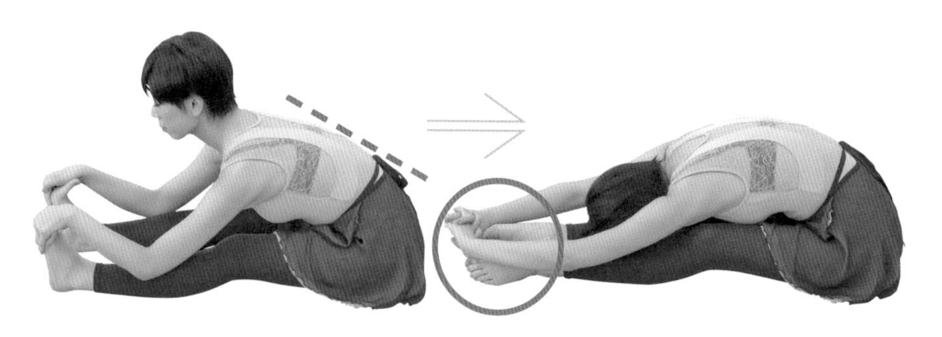

さらに脚を伸ばし、フクラハギからモモ裏にかけて伸ばしていく。

両脚を伸ばし切ったら、そのまま脱力してキープ。脊柱起立筋や広背筋も意識する。一連の動作で 10 ～ 15 秒。

カラダは密着せず キープだけで伸ばす

ヒザが伸びた状態で、ツマ先をつかんでキープすればフクラハギやモモ裏を同時に伸ばすことができる。カカトを前に突き出すと、さらにハードなストレッチとなる。

カラダを丸める動作を入れてから背スジを伸ばす

体幹のストレッチ

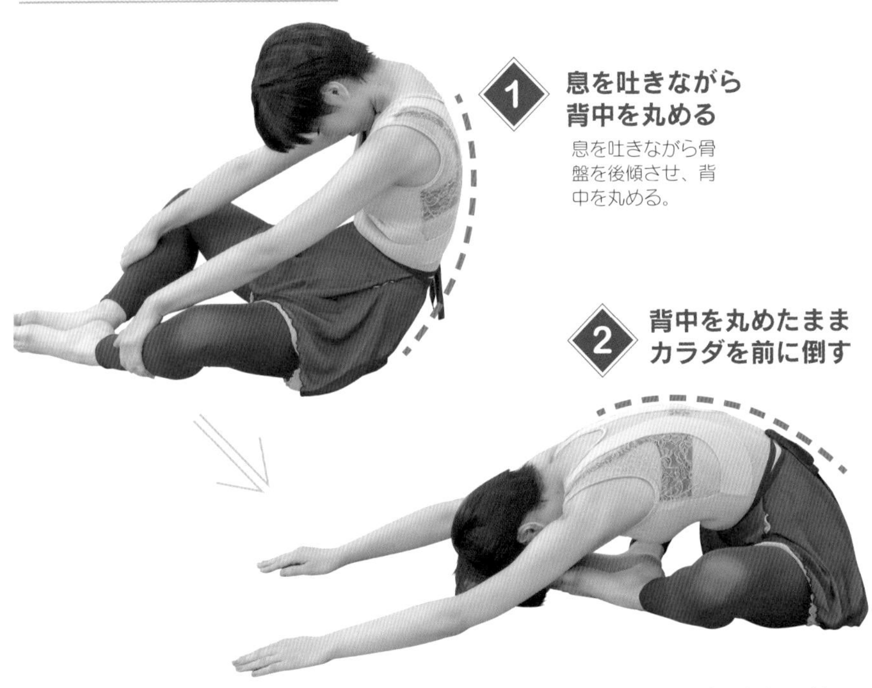

1 息を吐きながら背中を丸める

息を吐きながら骨盤を後傾させ、背中を丸める。

2 背中を丸めたままカラダを前に倒す

背中の丸みをキープして、カラダを前に倒して両手を床につける。

背中を丸めることで緊張を解く

バレエでは常に背スジを伸ばし、カラダを引き上げる意識を持たなければなりません。しかし背中が緊張したままだと、筋肉が疲労して思うように伸ばすことができなくなってしまいます。ここでは、バレエの動きにはない動作を入れることで筋肉にアプローチ。まずは背中を丸める動作で、緊張を緩めてから伸ばすエクササイズに取り組んでみましょう。

◆ **アプローチする筋肉**

- 内転筋
- 腹横筋
- 脊柱起立筋
- 股関節まわりの筋肉
- 広背筋
- 殿筋群

背中を平らにして カラダを起こす

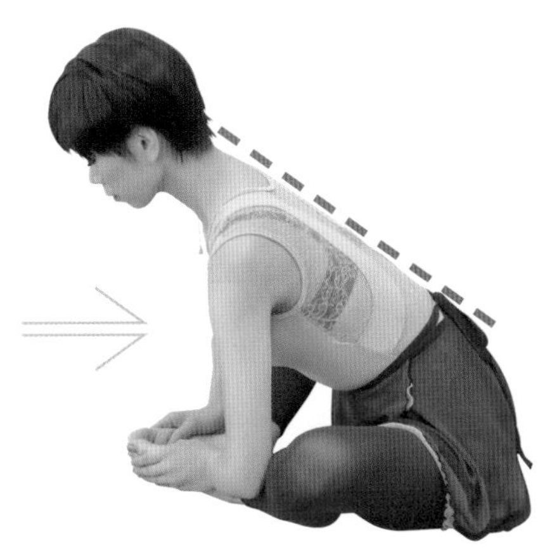

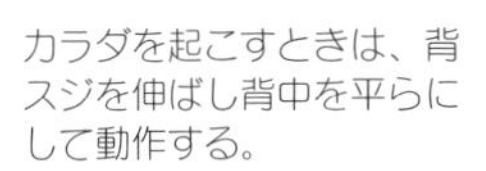

カラダを起こすときは、背スジを伸ばし背中を平らにして動作する。

姿勢を意識して 背スジを伸ばす

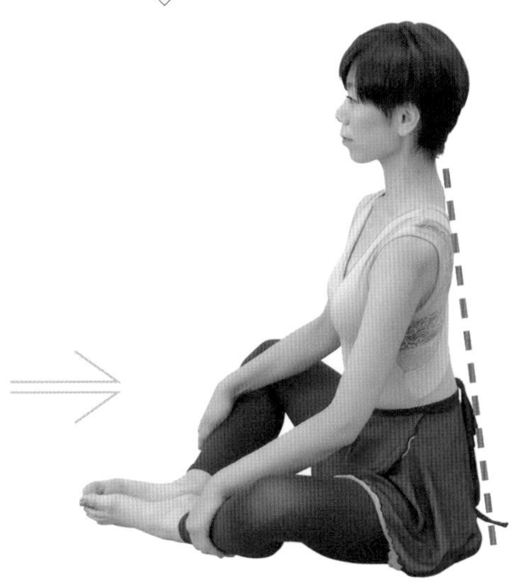

カラダを起こし切ったら完成形。腹筋や脊柱起立筋、広背筋を意識して姿勢を正す。一連の動作を２～３回行う。

緊張を緩めることで 筋肉の伸びを良くする

紹介しているストレッチは、ウォーミングアップ編でも取り入れている要素。あえてバレエにない「丸める」動作を入れることで、緊張した筋肉をほぐして動きを良くする。

◆ アプローチする筋肉

・腹斜筋　・広背筋　・最長筋
・内転筋　・殿筋群
・脊柱起立筋　・腸肋筋

体側のストレッチ

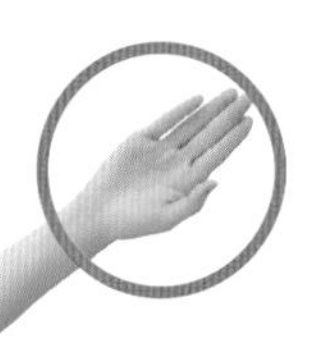

1 座骨を床につけて座る

手の平を正面に向けて片ヒザを曲げ、もう片脚は横に伸ばす。手の向きを変えることで伸び感に変化をつけられる。

2 座骨を床につけたままカラダを前に倒す

カラダを斜め前に倒して、手の甲を床につける。10〜15秒キープ。

手の平を前について上体を伸ばす

ヒザを曲げてカラダを床につけて、できるだけ両手を前に伸ばす。このときカラダの前側にある大胸筋や腹直筋を意識する。手を遠くに伸ばすと強度がアップする。10〜15秒キープ。

背中まわりのストレッチ

息を吸ってカラダを引き上げてからまわす

脚をクロスさせて、ヒジでヒザを固定する。息を吸ってカラダを上に伸ばす。

上体をを捻ってキープする

ヒジでカラダを固定しながら、カラダを後ろに捻っていく。10～15秒キープ。

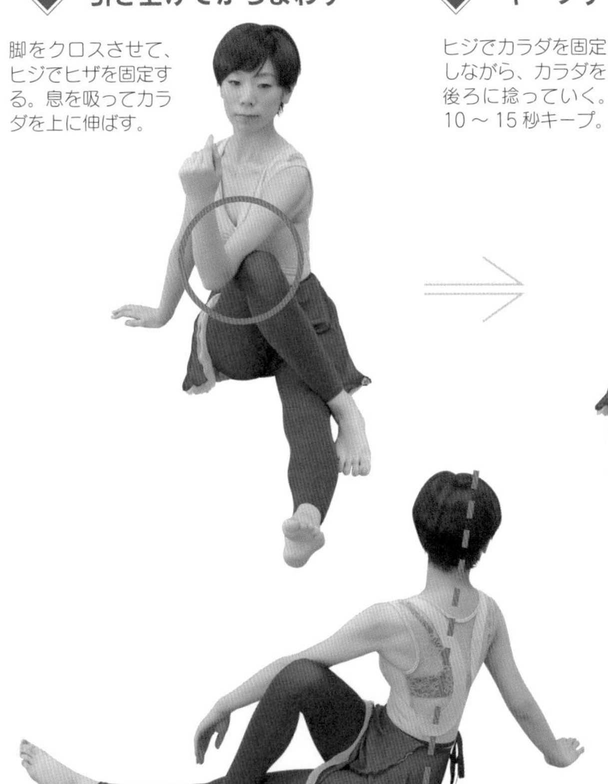

EASY

カラダの軸を後ろに傾けることで、ラクにカラダを捻ることができる。柔軟性が低い人はこの方法でチャレンジ。

TIPS

前傾姿勢から肩を入れて強度アップ

柔軟性が高い人は、カラダを前に倒した姿勢から、背骨をツイストさせる。ヒザに手を当てて、グッと肩を入れることで強度がアップする。

姿勢を維持しながら脚を高く上げる

体幹と脚のストレッチ(前)

脚を曲げて
カラダに近づける

背中をキープしながら
徐々に脚を伸ばす

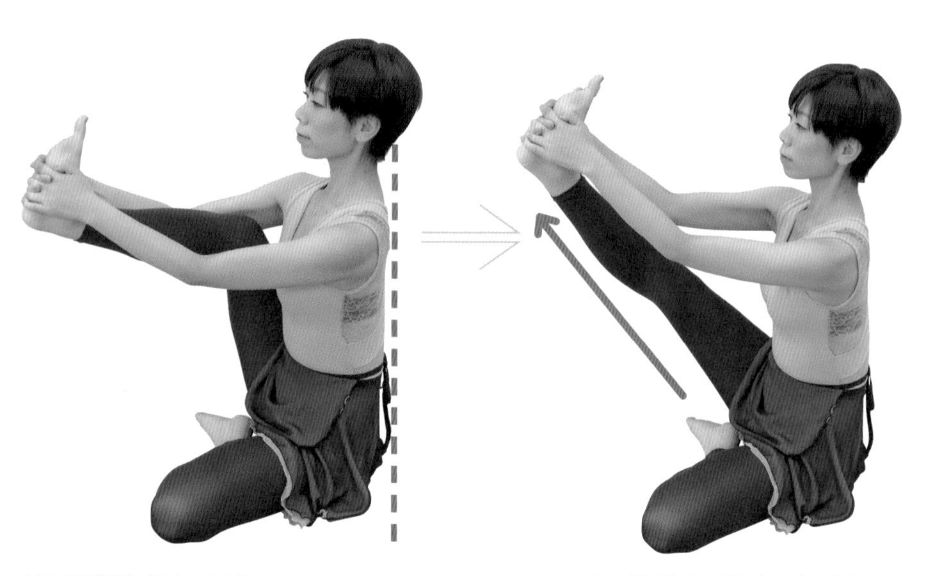

足の裏を両手で持ち、ヒザを曲げてカラダの方に引き寄せる。

カラダが後ろに倒れないよう注意しながら、脚をまっすぐ伸ばす。10～15秒キープ。

脚を上げて姿勢をまっすぐキープする

脚を高く上げると、カラダは後方に傾いてしまいます。バレエの場合、脚をあげても正しい姿勢を維持できる体幹の強さが必要です。

ここでは、床に座った姿勢から、脚を上げてもまっすぐな姿勢を維持できるようキープします。最初は前方向（ドゥバン）、次は横方向（アラスゴン）に脚を開き、完成形に近づいていきます。

◆ **アプローチする筋肉**
・ハムストリング
・内転筋
・腹直筋
・脊柱起立筋
・股関節まわりの筋肉
・腹横筋
・腹斜筋

体幹と脚のストレッチ（横）

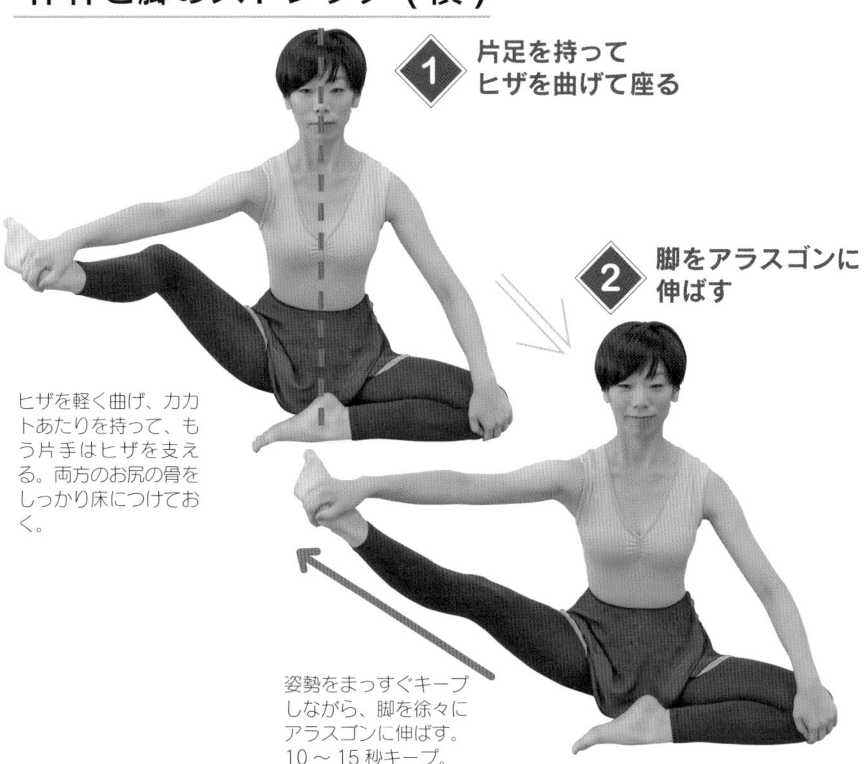

1 片足を持って ヒザを曲げて座る

ヒザを軽く曲げ、カカトあたりを持って、もう片手はヒザを支える。両方のお尻の骨をしっかり床につけておく。

2 脚をアラスゴンに 伸ばす

姿勢をまっすぐキープしながら、脚を徐々にアラスゴンに伸ばす。10～15秒キープ。

脚を高く上げると カラダは後ろに傾く

通常は脚を高く上げると、カラダは後ろに傾いてしまう。体幹の筋肉を使って姿勢を維持し続け、動作することがバレエでは求められる。

姿勢づくりのストレッチ⑥

POINT 23 前と後ろに分けて伸ばし スプリッツを完成する

体幹と脚のストレッチ(片脚)

1 両手を床につき後ろ脚を伸ばす

前脚のヒザを曲げて、もう片脚は後ろに伸ばす。このとき正面から見て後ろ脚が見えないようする。

骨盤を立てて脚を伸ばす

脚を付け根からしっかり伸ばす。腰が反らないよう注意。お尻に力が入っているとしっかり伸びない。10~15秒キープ。

両脚を前後に180度開く

横の開脚よりも難しいのが、前後の開脚(スプリッツ)です。脚を前後に180度開く動作は、バレエならではのポーズといえるでしょう。ここでは、片脚ずつ開き、徐々に角度を広くしていくエクササイズに取り組みます。正しい姿勢でスプリッツを行うために、骨盤を正面に向け体が開いた状態にならないようにするのがポイント。最終的にグランジュテやグランパドシャをイメージします。

◆ **アプローチする筋肉**
・股関節まわりの筋肉
・腸腰筋
・ハムストリングス

体幹と脚のストレッチ(両脚)

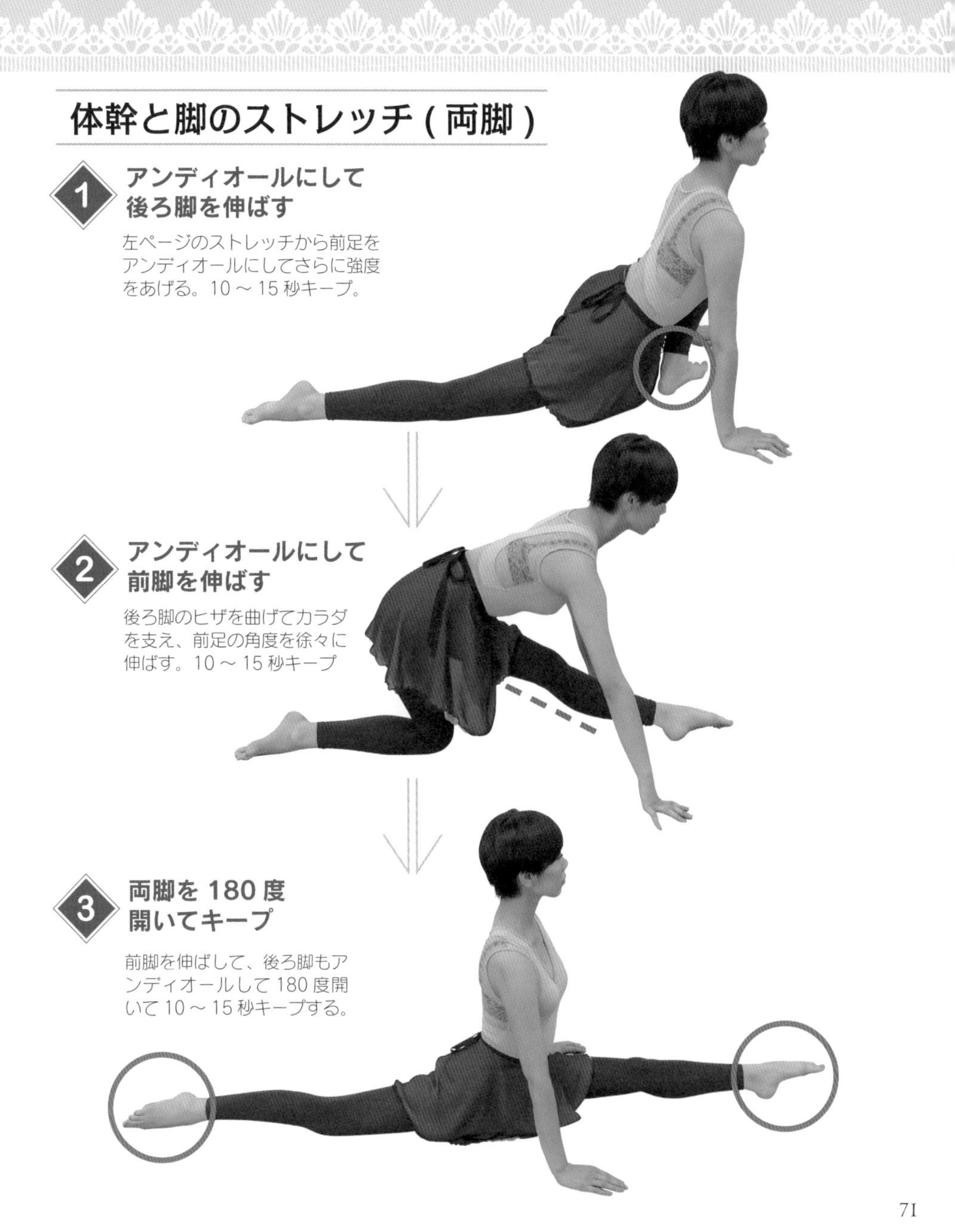

1 アンディオールにして後ろ脚を伸ばす

左ページのストレッチから前足をアンディオールにしてさらに強度をあげる。10 ～ 15 秒キープ。

2 アンディオールにして前脚を伸ばす

後ろ脚のヒザを曲げてカラダを支え、前足の角度を徐々に伸ばす。10 ～ 15 秒キープ

3 両脚を 180 度開いてキープ

前脚を伸ばして、後ろ脚もアンディオールして 180 度開いて 10 ～ 15 秒キープする。

姿勢づくりのストレッチ⑦

首や手の動きをなめらかに表現を磨く

首のストレッチ

片手を床につき首を伸ばす

ゆっくり倒して肩をほぐす

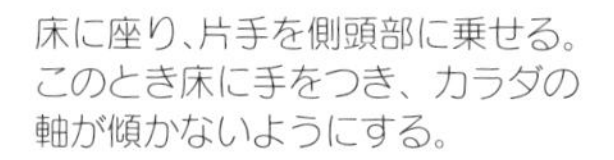

床に座り、片手を側頭部に乗せる。このとき床に手をつき、カラダの軸が傾かないようにする。

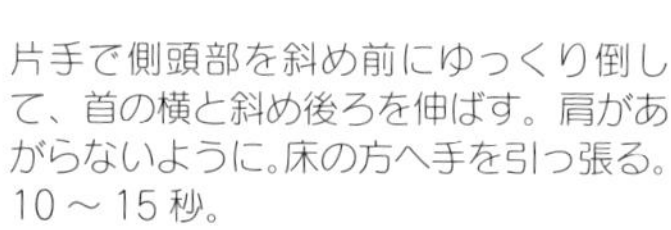

片手で側頭部を斜め前にゆっくり倒して、首の横と斜め後ろを伸ばす。肩があがらないように。床の方へ手を引っ張る。10 〜 15 秒。

両手で頭をさげて首の後ろ側を伸ばす

首の真後ろは両手で後頭部を持ち、頭を下げる。このとき反動をつけたりしないよう注意。また添えている手には力を入れないようにする。

◆ **アプローチする筋肉**

・僧帽筋
・棘下筋
・棘上筋
・肩甲下筋

肩甲骨まわりのストレッチ

背中から腕を動かすことを意識する

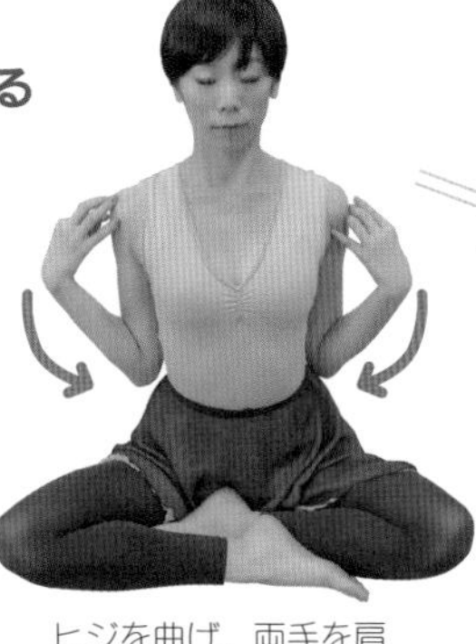

ヒジを曲げ、両手を肩に置いてスタート。

肩に手を置いたまま、ヒジとヒジをくっつける。

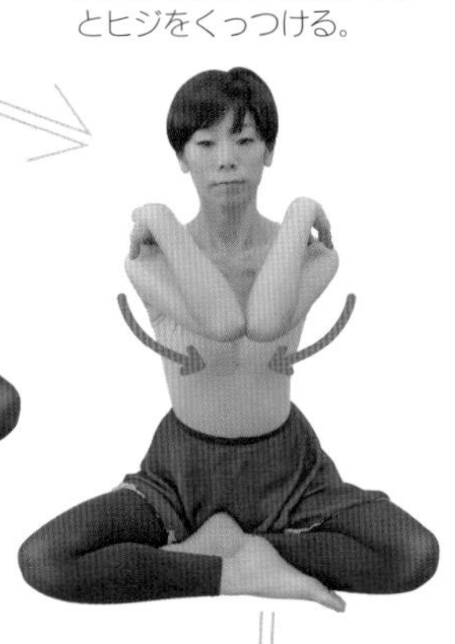

肩に手を置いたまま、くっつけたヒジを顔の前ぐらいまで上げていく。

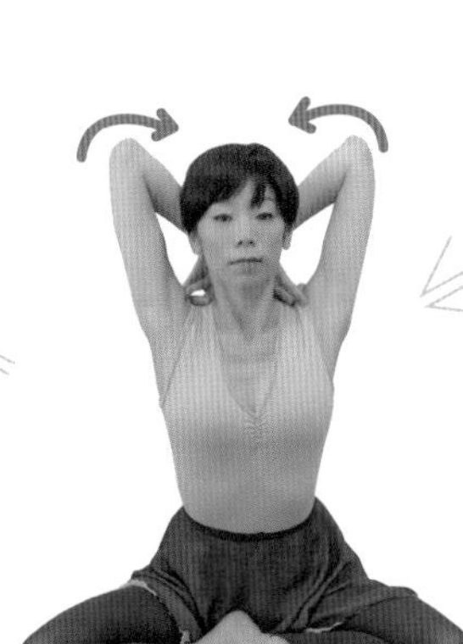

さらにヒジを上げていく。

上げたヒジを後ろへ引く。

ヒジを下げてスタートの位置に戻る。これを数回繰り返す。反対回しも行う。肩甲骨をしっかりと動かす意識で行う。前から2周、後ろから2周行う。

姿勢づくりのストレッチ⑧

大きな筋肉をほぐして上体の動きをなめらかにする

肩・腕・胸のストレッチ

片手を肩の高さにして壁につける

片手を頭の高さにして壁につける

肩の高さで壁に手をつき、胸の筋肉中部を伸ばす。

頭の高さで壁に手をつき、胸の筋肉の下部を伸ばす。

筋肉の繊維にあわせて伸ばす

手の動きをコントロールするのは、肩甲骨まわりの筋肉です。しかし背中側だけでなく、表側の筋肉である大胸筋をストレッチすることで上体をキープしつつ、スムーズな腕の動きが可能になります。

大胸筋は大きな筋肉で、繊維の方向もひとつではありません。壁に手をつくときに、高さを変えることで伸ばす筋肉の方向を変えていきます。

◆ **アプローチする筋肉**

・大胸筋
・前鋸筋

3 片手を腰の高さにして壁に置く

腰の高さで壁に手をつき、胸の上部の筋肉を伸ばす。

ストレッチはそれぞれ10～15秒キープする。

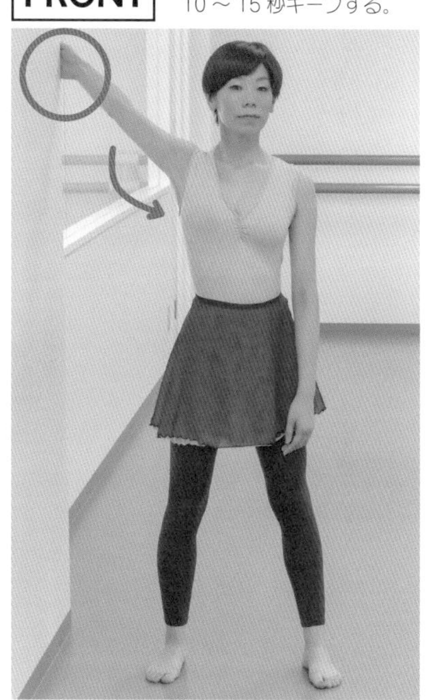

肩甲骨を寄せて胸を伸ばす

肩甲骨周辺の筋肉が硬いと背中が丸くなってしまうので注意。肩甲骨まわりの筋肉を緩めて、胸の筋肉が大きく可動するようしっかり伸ばす。

姿勢づくりのストレッチ⑨

POINT 26 足指の動きをスムーズにする

足　脚

◆ アプローチする筋肉
- 足底の筋肉
- 足首まわりの筋肉

1 足の甲を伸ばして足裏のアーチを出す

足指と足の甲のストレッチ

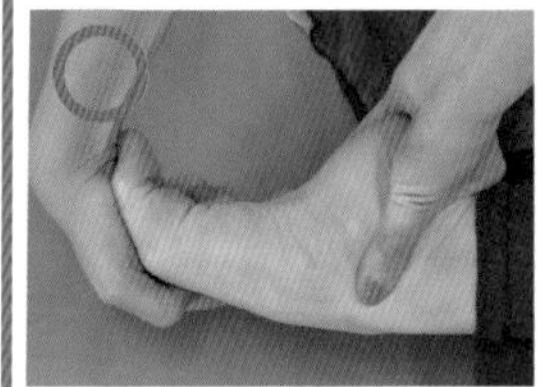

片手でカカトを固定し、足先を持って甲を伸ばす。10～15秒キープ。

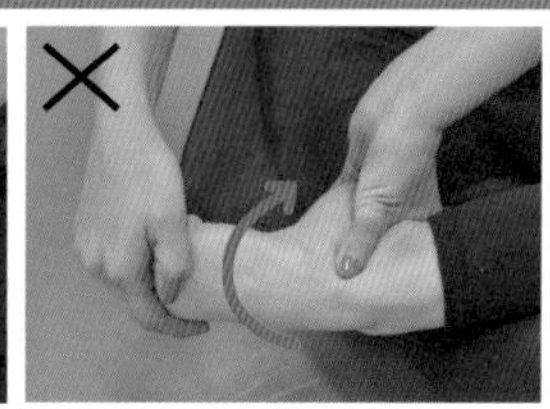

足首を捻ると、甲は伸びない。バレエでの正しいポジションではないので注意。

TIPS 足指を上下に伸ばす

足の指だけを上下に動かす。指を曲げる動きは、バレエにはないが可動域をアップすることで柔軟性が出て、足の安定につながる。交互に2回ずつ。

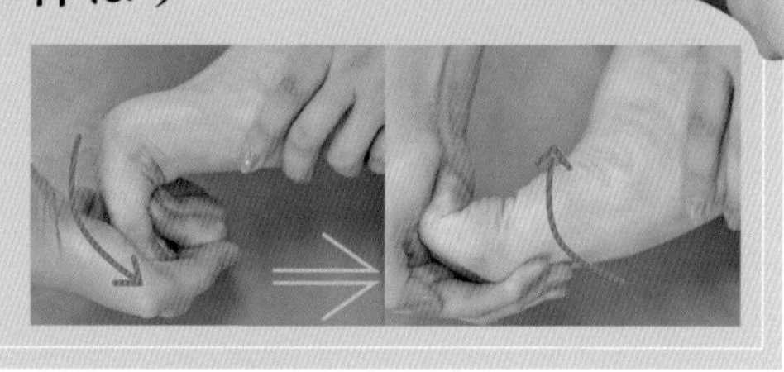

足先を曲げ伸ばして可動域をアップ

バレエでは足裏や指先で多くの動きをつくるので、繊細な動きのコントロールが必要です。足には大きな負担がかかっているので、ストレッチのケアがとても大切です。同時に可動域をアップするためのストレッチにも取り組みましょう。

足の裏や指先を入念に動かし、感覚を良くすることがポイント。バレエでは使わない動きもあえて入れることで、関節や筋肉の動きをスムーズにします。

軸を安定させるトレーニング

カラダの軸を安定させて
もっと踊りを美しく！

柔軟性アップと筋力アップの両方に取り組む

柔軟性がアップし、関節の可動域が広くなると、踊り自体に変化が表れます。しかしバレエでは、一見不安定な体勢でも上体は優雅に動かすバランス能力が必要です。

例えばツマ先の小さな一点でカラダを支えてバランスをとる、足を高くあげても上体はキープする、顔の向きや姿勢、腕のラインを調和させステップするなど、挙げればキリがないほど、難易度の高いポーズはたくさんあります。

これらのポーズは、どんなにカラダが柔らかくても、カラダ自体のバランスがとれていなければ、上手に踊ることはできません。カラダが柔らかいだけでは支える力(筋力)がなく、グラグラして安定感がないばかりか、足をあげても姿勢をキープできないのです。

正しい姿勢をキープしつつ、優雅に踊るためには、カラダの軸を安定させることが大切です。ここからはカラダのコアになる部分、深部にあるインナーマッスルや体幹の筋肉を中心に働きかけるエクササイズで、カラダの軸の安定に取り組みます。毎日行なう柔軟性アップのためのストレッチと筋肉アップのための体幹トレーニングを組み合わせることで、相乗効果を狙い、理想のポジションに近づけます。

背骨ひとつ１つを緩めながらカラダを倒す

股関節まわりの体幹トレーニング

ヒザを手で抱え
床に座る

背骨ひとつ１つを
緩めてゆっくり倒れる

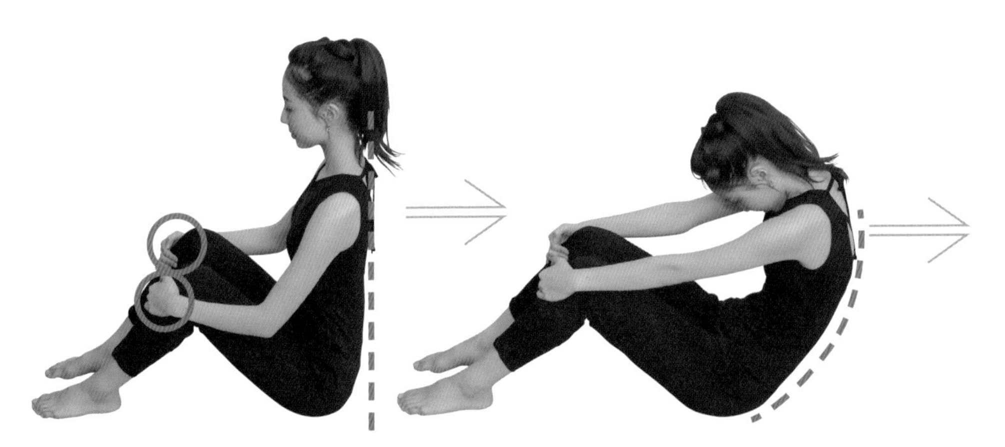

腹筋の力を使って後ろにゆっくり倒れながら、背骨ひとつずつ緩めていく。

下の方の背骨から床につけていく。

体幹を使っているイメージを持って動かす

ひとことで「体幹」といってもアプローチする筋肉は、股関節周辺の深層部にあるインナーマッスルや上半身の姿勢を維持する腹直筋や脊柱起立筋など、多岐に渡ります。

腹直筋は大きな筋肉なので、鍛えることは簡単ですが、過度に力を入れるのではなく意識することが大事。ひとつ一つの動作を丁寧にエクササイズして行きましょう。

◆ **アプローチする筋肉**

- 股関節まわりの筋肉
- 腹直筋
- 脊柱起立筋
- 腹横筋
- 腹斜筋

反動をつけず ゆっくり動き続ける

床に背中が ついたら戻る

しっかりとヒザを持ち、一気にゴロンとならないようにひたすら動き続ける。

一度リラックスし、今度はゆっくり起き上がっていくエクササイズへ。

背骨を丸めながら インナーマッスルを使って起きる

カラダを起こす方は、難易度がアップ。背骨を床からはがすイメージで起き上がる。表層の腹筋を使いすぎると一定の所で動きが止まってしまう。それぞれ５回ずつ行う。

体幹トレーニング②

ポーズをイメージして脚をまっすぐ上げる

股関節まわりの体幹トレーニング①

1 両手と両ヒザを床につけて準備

腰を反らないようにしながら、両手と両ヒザをつけて準備する。

2 骨盤が開かないよう脚を引き上げる

上げる脚は、ターンアウトにして、ヒザを横に向けながら後ろに引き伸ばす。10～15秒キープ。

腹筋に力を入れて脚を上げる

アラベスクでは、骨盤をできるだけ前傾さないで脚を上げることがポイント。床に両手と片ヒザをついた状態で、アラベスクをイメージしながら、まっすぐ脚を上げてみましょう。

また、横になって脚を上げるときは、脚をツマ先まで伸ばしてから動作することが大切です。脚をまわしているときは、より腹筋を意識して腰を反らさないよう骨盤を固定します。

◆ **アプローチする筋肉**

・股関節まわりの筋肉
・腹直筋
・ハムストリング
・脊柱起立筋
・腹横筋
・腹斜筋
・内転筋群

股関節まわりの体幹トレーニング②

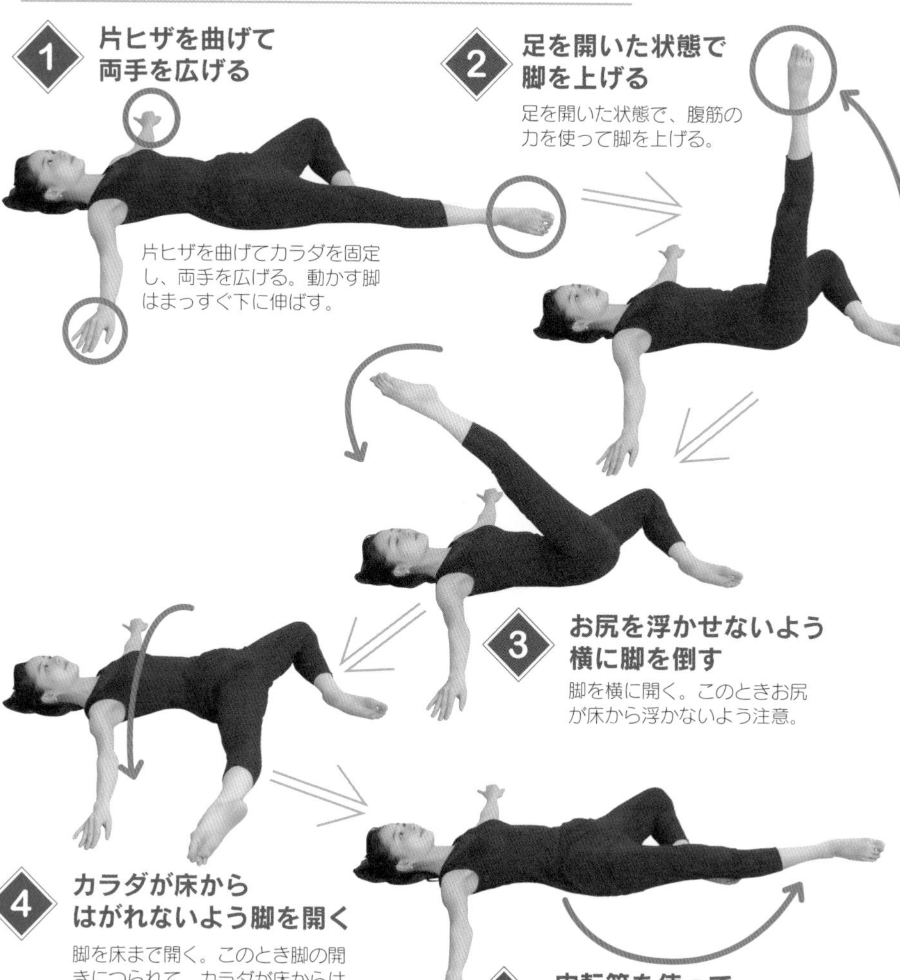

1 片ヒザを曲げて両手を広げる

片ヒザを曲げてカラダを固定し、両手を広げる。動かす脚はまっすぐ下に伸ばす。

2 足を開いた状態で脚を上げる

足を開いた状態で、腹筋の力を使って脚を上げる。

3 お尻を浮かせないよう横に脚を倒す

脚を横に開く。このときお尻が床から浮かないよう注意。

4 カラダが床からはがれないよう脚を開く

脚を床まで開く。このとき脚の開きにつられて、カラダが床からはがれないようにする。呼吸も止めないよう注意。

5 内転筋を使って下まで戻す

内転筋を使って、横に開いた脚を下までまわす。3周目安に逆まわしも行う。

体幹トレーニング③

脚が動いても正しい姿勢をキープする

腹斜筋や体幹のトレーニング

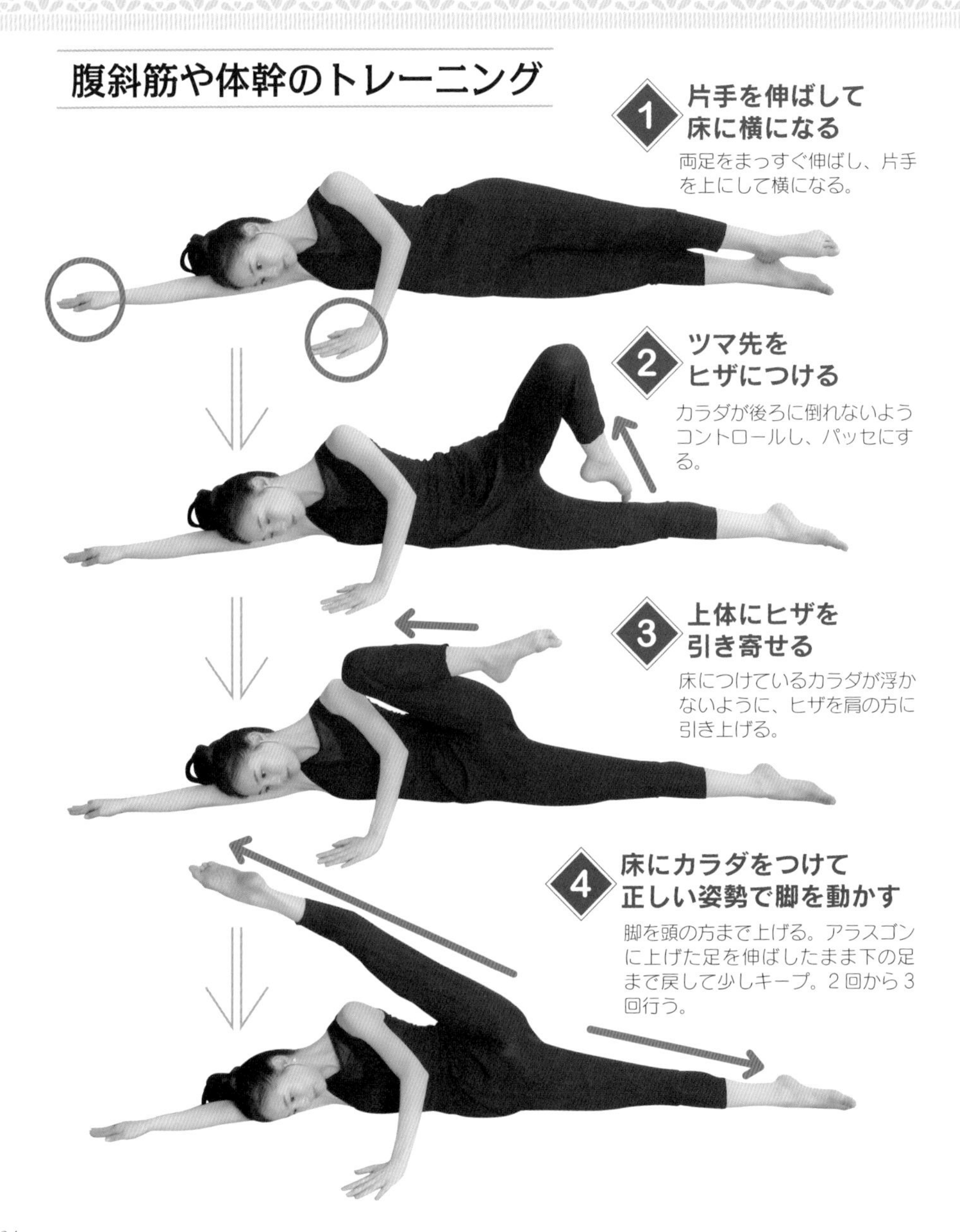

1 片手を伸ばして床に横になる

両足をまっすぐ伸ばし、片手を上にして横になる。

2 ツマ先をヒザにつける

カラダが後ろに倒れないようコントロールし、パッセにする。

3 上体にヒザを引き寄せる

床につけているカラダが浮かないように、ヒザを肩の方に引き上げる。

4 床にカラダをつけて正しい姿勢で脚を動かす

脚を頭の方まで上げる。アラスゴンに上げた足を伸ばしたまま下の足まで戻して少しキープ。2回から3回行う。

◆ **アプローチする筋肉**

- 股関節まわりの筋肉
- 腹直筋
- 腹斜筋
- 腹横筋
- 腰方形筋
- 梨状筋
- 内転筋群

内転筋や体幹のトレーニング

1番ポジションに足を開いて横になる

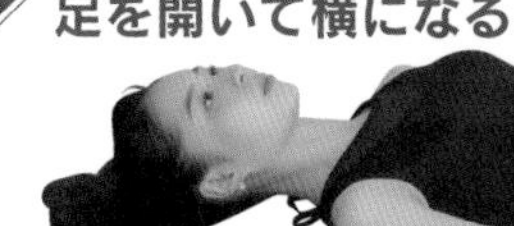

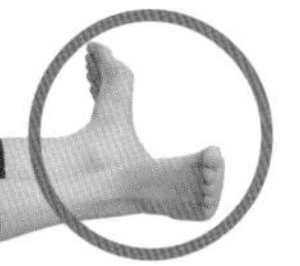

足を開いて横になり、姿勢をまっすぐキープする。

ヒザを曲げてカカトをつける

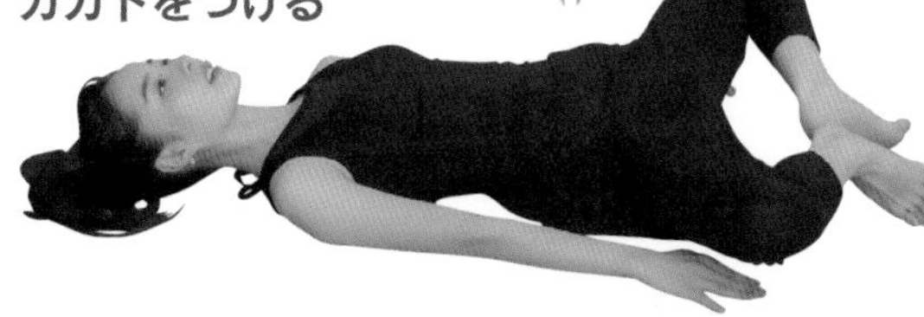

カカトをつけたままヒザを少しずつ曲げて引き上げる（グランプリエ）。2回ずつ行う。

2番ポジションに開いて横になる

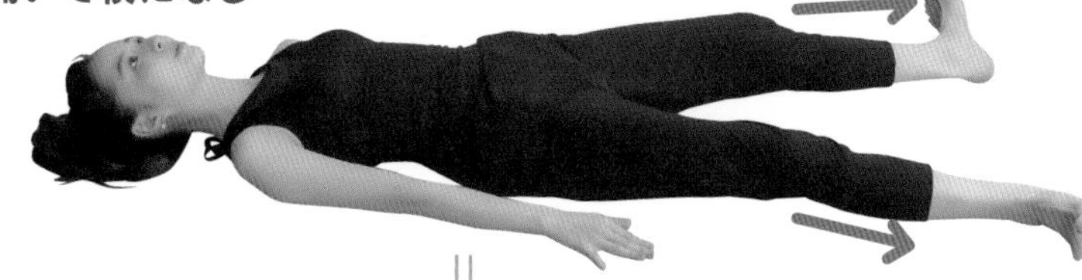

モモを上げるときはお尻の力を抜いて、ヒザを横に向けたまま行う。

重心を高く維持しながらモモを引き上げる

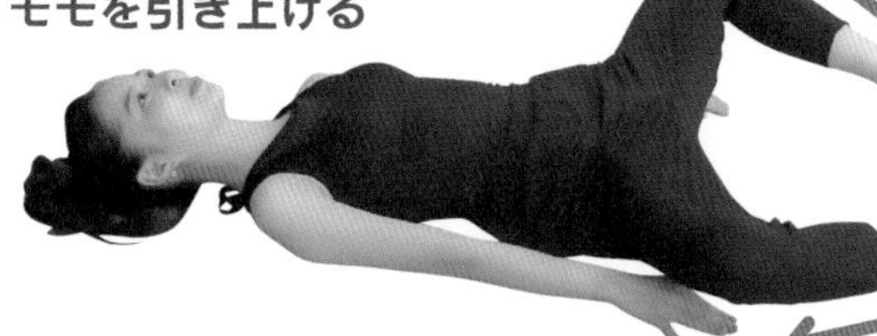

モモを引き上げながら、姿勢をキープして重心を高く保つ。2回ずつ行う。

柔軟性を高めつつ筋力アップ

POINT 30 足先まで意識して キレイに伸ばす

開脚のためのストレッチ

ツマ先を伸ばして 脚をまっすぐ上げる

床に対して90度になるよう
脚を真上にあげる。

両脚を開く

お腹に力を入れながら、脚を
左右に開く。力を抜いてその
ままキープ。2回程度行う。

壁に脚をつけると 難易度ダウン

脚を上にあげるとき、90度の角度がとれない人は、脚裏全体を壁につけることで正しいフォームを維持できる。

◆ アプローチする筋肉

・足指の筋肉
・足底の筋肉
・股関節まわりの筋肉
・内転筋

足裏・足指のための トレーニング

床に座り 足底を壁につける

壁に足底全体をつけて座る。

指先に力を 入れて足指を伸ばす

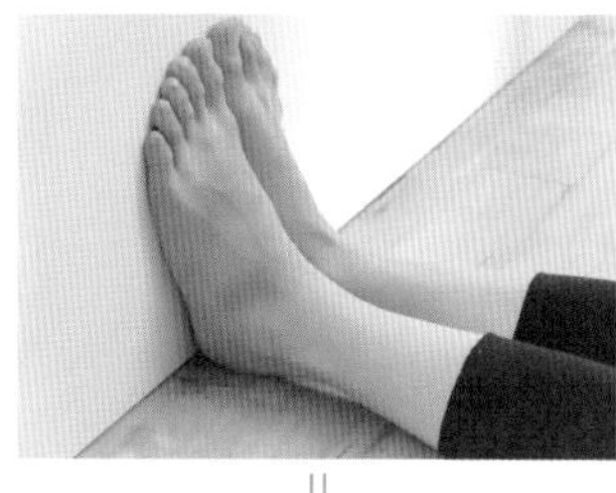

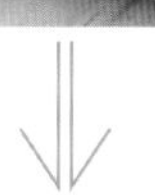

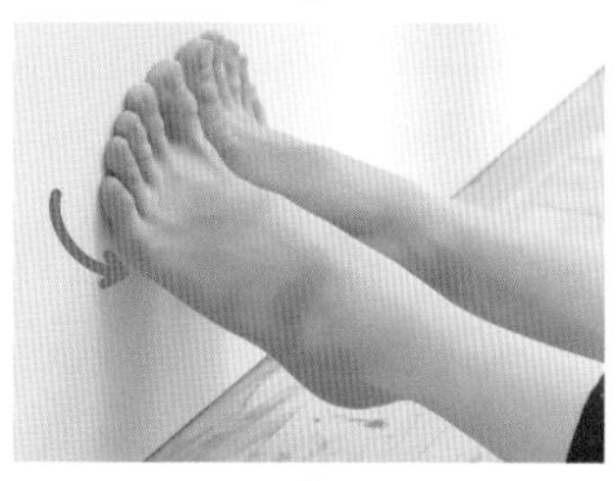

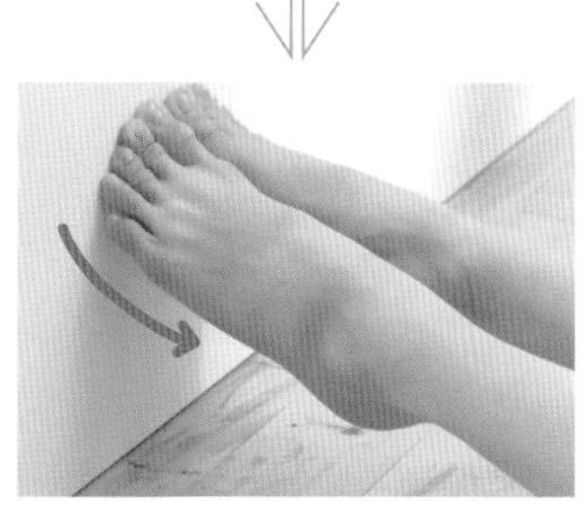

足指に力を入れて指先で壁を押す。最後まで指の関節を曲げないよう注意。5 回行う。

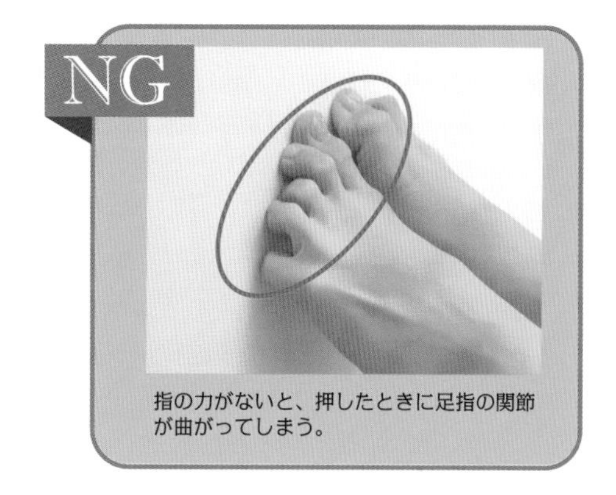

指の力がないと、押したときに足指の関節が曲がってしまう。

顔の動かし方や表情も キレイな踊りのための要素

バレエは音楽に合わせて踊りながら様々な感情や状況を表現します。全身や手足の動きによってはもちろんですが、表情も重要な演出要素になります。また、美しく踊るための所作として顔の動かし方「顔のつけ方」もポイントになります。踊る中でうまく「顔をつける」ためには、目線だけでなく顔そのものやアゴの位置を意識しながら動かしてみます。顔のつけ方はターンにも重要です。ターンがうまくまわれているかどうかは顔や頭の位置に大きく左右されます。肩とのバランスを考え顔のつけ方を練習しましょう。

アイテムを使って効率よくエクササイズ

アイテムを使うことでより筋肉に集中する

エクササイズに変化をつけて効率アップする

アイテムを使ってエクササイズすると、鍛えたいパーツに意識を集中することができるため、効果的に筋肉を刺激することができます。例えば「ミングー」は、上に乗って立つだけで、カラダがアンバランスな体勢になり、自然に全身をコーディネーションして、体幹から足先まですべての筋肉にアプローチすることができます。

ここから解説するエクササイズで使うアイテムは「ゴムバンド」や「ボール」「ミングー」など。これらアイテムを上手に使うことで、負荷は確実にアップするので、自重で行うトレーニングよりも効率よく鍛えることができます。

どれも簡単に手に入るエクササイズのアイテムですが、強度別で売られているのでエクササイズの目的と自分の筋力にあわせてチョイスすると良いでしょう。手に入らない場合は、タオルやクッションなどを代用することで、同じようなエクササイズのシチュエーションをつくることが可能です。

毎日行うトレーニングは、どうしても単調になってしまい、続けることがきつくなってしまいます。アイテムを使うことでエクササイズにバリエーションがつき、トレーニング時間の短縮にもつながります。

足裏と足首をゴムバンドで強化する

足指と足裏の筋力トレーニング

足先にゴムバンドを巻いて手前に引く

ゴムバンドは柔らかいものを使用することで、より繊細な動きをイメージする。10回程度行う。

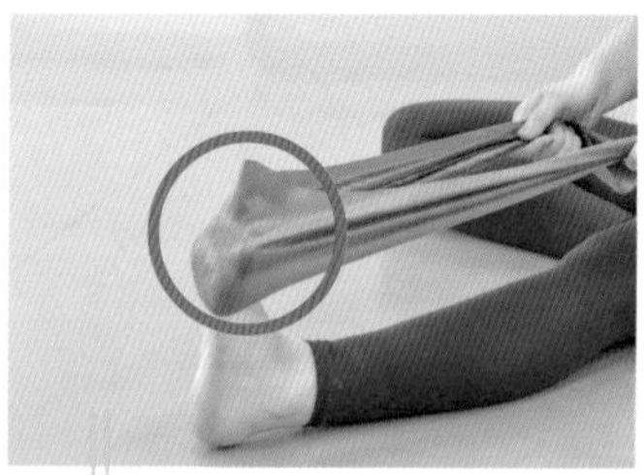

ゴムバンドを土踏まず上辺りに巻いて、両手で引く。

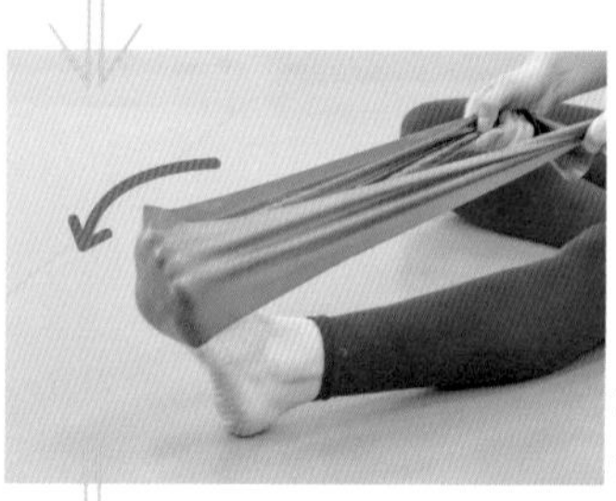

足指と足裏の力でゴムバンドを前に押す。

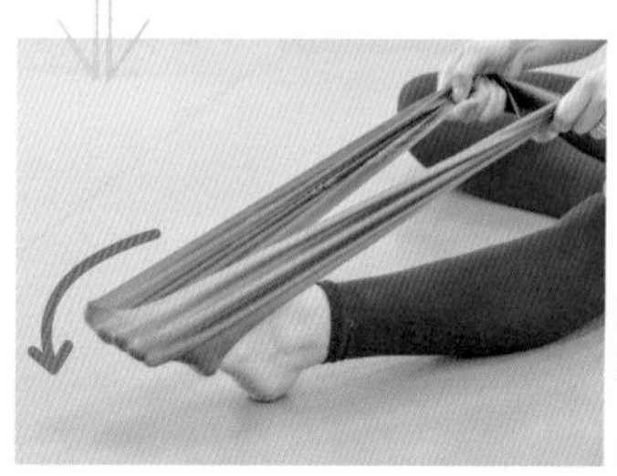

足首の向きに注意し、足指をしっかり伸ばして押し切る。

柔らかめのゴムバンドで足指を繊細に動かす

市販ゴムバントは、強度が違うものが入って販売されているものがある。ゴムバンドは強度によって色分けされている。足指のエクササイズでは柔らかめを使用。

◆ **アプローチする筋肉**

・足指の筋肉
・足首まわりの筋肉
・足底の筋肉
・長趾伸筋
・前脛骨筋

足首の筋力トレーニング

ゴムバンドを外側に引く

ゴムバンドは柔らかいものを使用し、ゴムを足先に巻いて内に引いた状態からスタートする。

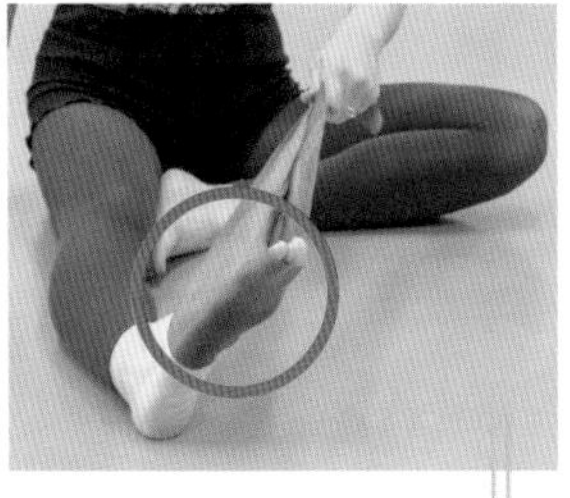

片手でゴムバンドを引き、足首を内側に入れる。

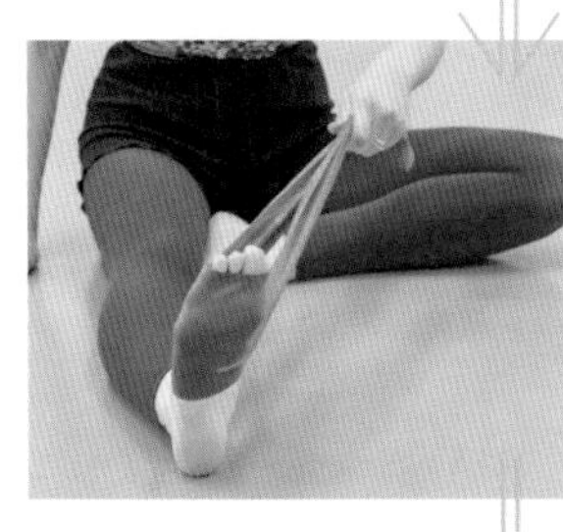

小指側から、足先を外側に向けていく。

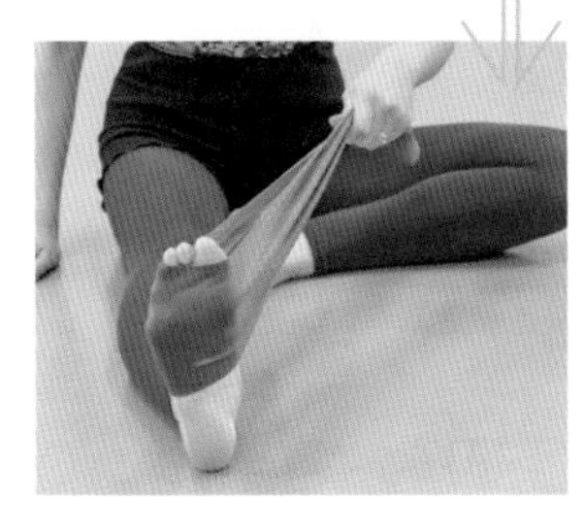

足先に力を入れて足をフレックスにする。スネの周辺に力が入っていれば効いている。

足首を鍛えてケガを防止する

バレエでは踊っている最中に、ケガをしてしまうことがあります。特に多いのが、足首の靭帯の損傷（ねん挫）で、足首を外側に捻るケガには注意しなければなりません。

上記のトレーニングは、ケガをした後のリハビリトレーニングとしても効果的です。ゴムバントを使って働きかけることで、足首自体の強化とケガの予防をすることができます。

引き上げながら体側を伸ばす

体幹の筋トレ＆ストレッチ

※このエクササイズは、強度高めのゴムバンドがおすすめ。タオルなども代用可。

頭の上でゴムバンドを左右に引き、ピンと張り、息を吸う。

まっすぐの伸ばした状態から、息を吐きながら体を倒して体側の筋肉を伸ばす。

ゴムバンドを張って意識を集中する

　バレエの引き上げ動作を意識しながら上体をストレッチし、カラダを起こすときは筋力トレーニングにもなるエクササイズです。ゴムバンドを両手で左右に引くことで、腕の筋肉にもアプローチします。

　カラダを起こすときは、上体や体幹の筋肉を使うことがポイント。できるだけ引き上げの意識を持って、動作することが大切です。

◆ アプローチする筋肉

- 脊柱起立筋
- 腹横筋
- 外肋間筋
- 腹斜筋
- 広背筋
- 内肋間筋
- 上腕三頭筋
- 腹直筋

3 両手を張りながら上体を戻す

4 反対側も同様に体側を伸ばす

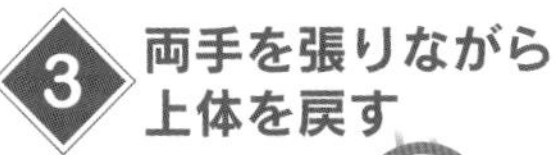

息を吸いながら、一旦真上でカラダを止めてキープする。

体側と広背筋が伸びていることを感じながら、反対側に上体を倒す。左右2～3回を目安に行う。

TIPS 伸びてからカラダを倒す

カラダを倒すときは、引き上げの動作を意識し、呼吸をうまく使うことがポイント。ゴムバンドを両手で引きながら、上方に腕を伸ばすことで背骨をしっかり伸ばす。

肩甲骨まわりの筋肉の可動域を上げる

二の腕の筋トレ＆肩甲骨まわりのストレッチ

1 ゴムバンドを左右に引く

※このエクササイズは、強度が高いと難易度 UP。弱〜中位のゴムバンドがおすすめ。

背中の後ろでゴムバンドを左右に引き、ピンと張る。

腕をまっすぐの伸ばした状態から、八の字にまわす。

背泳ぎのイメージで腕をまわす

肩甲骨まわりにある筋肉は、腕の動作のなめらかさにつながる、大事な要素。肩甲骨まわりの筋肉がかたいと、腕がスムーズに動かずぎこちなくなってしまいます。

可動域を上げることで、柔らかい腕の動きが可能になります。動作中はバレエの姿勢を意識して、肩があがらないように。背泳ぎのイメージで肩甲骨から腕をまわしましょう。

◆ **アプローチする筋肉**

- 僧帽筋
- 前鋸筋
- 菱形筋
- 肩甲下筋
- 肩甲挙筋
- 上腕三頭筋

2 腕をハの字にまわす

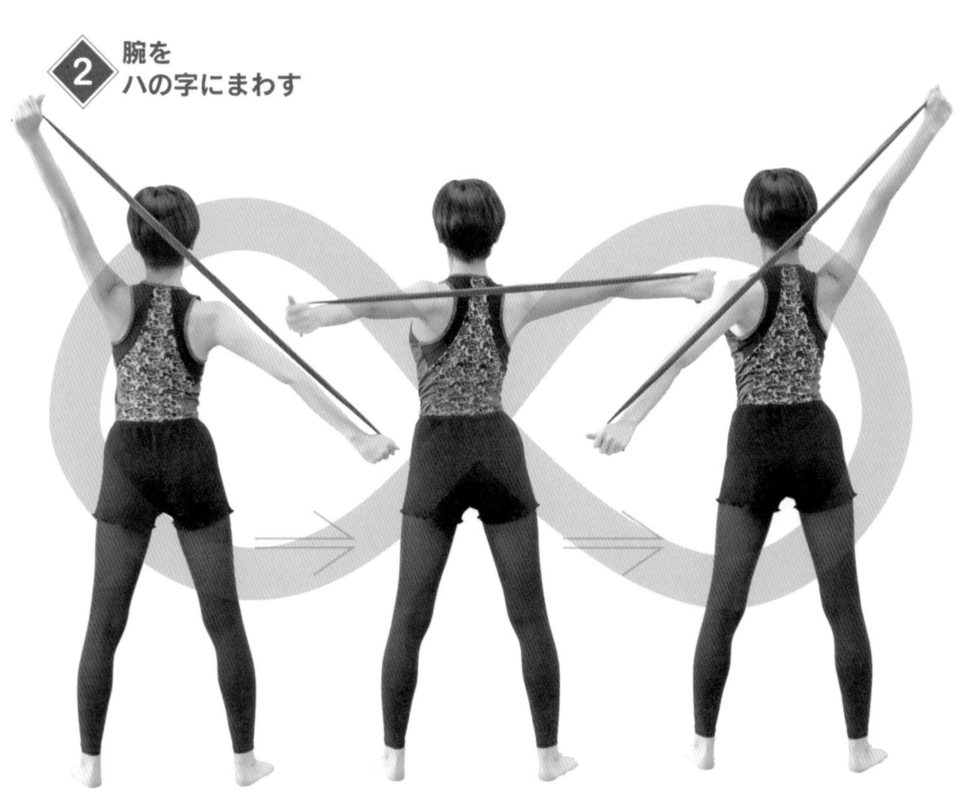

ゴムバンドが緩まないようにして大きく動かす

腰の反りが大きくならないように注意。8の字に5回まわす。

TIPS 肩が上がらないよう肩甲骨でまわす

肩を上げず、肩甲骨が腕をリードするイメージで動かすことがポイント。柔らかい動きのなかで腕をコントロールできるよう意識してみましょう。

脚が動いても正しい姿勢をキープする

内転筋と体幹のトレーニング

1 両ヒザにボール挟む

両ヒザを軽く曲げて、ボールを挟み横になる。

2 息を吐きながらボールをつぶす

お腹の筋肉を意識しながら、内転筋の力でボールをつぶす。10回行う。

スピードをゆっくり行い強度をアップする

モモの内側にある内転筋は、バレエの動きのすべてで働く重要な筋肉。これに加えて正しい姿勢をキープするときに働く、体幹の筋肉であるお腹まわりにアプローチします。

ボールをつぶす動作や腰をツイストする動きは、スピードをゆっくり行うほど強度がアップします。カラダのコアな筋肉を意識しながらエクササイズに取り組みしょう。

◆ アプローチする筋肉

- 内転筋
- 腹直筋
- 腹斜筋
- 腹横筋
- 腰方形筋
- 腸腰筋

内転筋と腹斜筋のトレーニング

ボールを挟んで両ヒザを90度にして上げる

両ヒザを軽く曲げてボールを挟み、脚をあげる。

肩を床につけたままヒザを床の方へ倒す

内転筋の力でボールをつぶしながら、腰をツイストさせて脚を倒す。ツイストするときは、息を吐きながら行う。脚を戻すときは息を吸いながら行う。

反対側にも同様に腰をツイストさせる

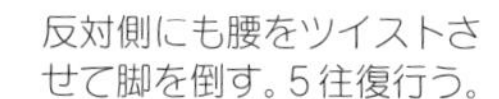

反対側にも腰をツイストさせて脚を倒す。5往復行う。

◆ アプローチする筋肉

・ハムストリング
・大殿筋
・内転筋
・脊柱起立筋
・広背筋
・腹横筋

ハムストリングと大殿筋のトレーニング

1 両ヒザにボール挟む

両手を左右に広げ、ヒザを曲げてボールを挟み横になる。

2 息を止めず腰を上げる

内転筋の力でボールをつぶしながら、呼吸を止めず腰を上げる。

3 お尻とモモ裏の力を使って上げる

腰を上げるときは、背骨ひとつ1つを床からはがしていくイメージ。5回行う。

腰を落とす動作でエクササイズ

上記エクササイズの逆バージョンは腰を落としていく動作。背骨をひとつずつ床につけていくイメージで行う。

◆ アプローチする筋肉

・中殿筋
・内転筋
・腹直筋
・腹横筋

腹筋と内転筋のトレーニング

1 脚をクロスさせて ヒザ上でボール挟む

両手を左右に広げ、脚をクロスさせてヒザ上にボールを挟む。

2 下腹部に力を入れて 腰を上げる

腹筋の下部に力を入れて、呼吸を止めずに腰を上げる。5回行う。

ヒザを開く動きで ボールをつぶす

手を広げて横になり、片脚を伸ばし、もう片足の裏をヒザ横につける。ヒザ下にボールを置き、お尻の力を使ってボールをつぶす。5回行う。

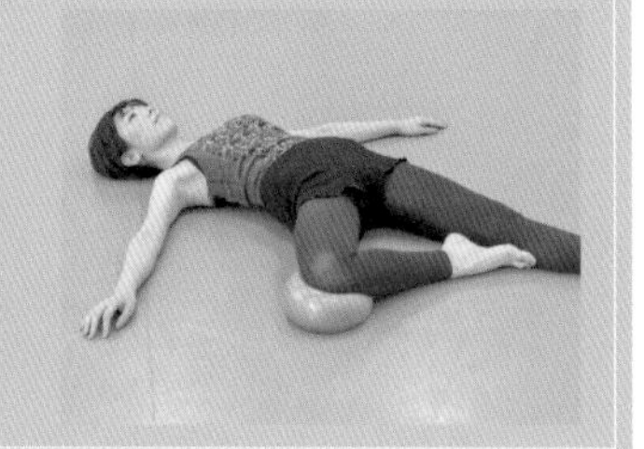

不安定な場所に立ち体幹でコントロールする

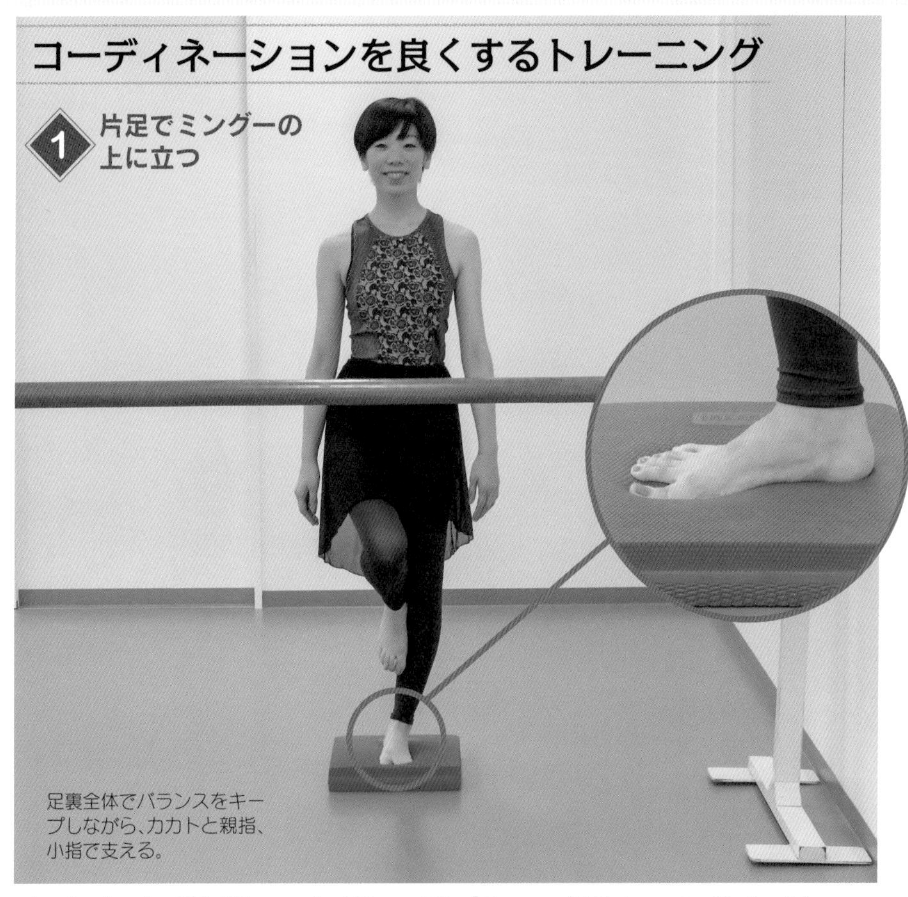

足裏全体でバランスをキープしながら、カカトと親指、小指で支える。

カカトと親指、小指の三点でバランスをとる

ミングーを用意して片足ずつ乗ってみましょう。不安定なミングーの上に立つことで、筋肉が刺激されて、全身のコーディネーションが良くなり、ウォーミングアップになります。レッスン前に取り入れることでポーズでの安定感が格段にアップします。

最初はターンアウトせず、足裏のカカト、親指、小指の三点でしっかり支えることを意識してみましょう。

◆ **アプローチする筋肉**
- 脊柱起立筋
- 骨盤まわりの筋肉
- 足底の筋肉

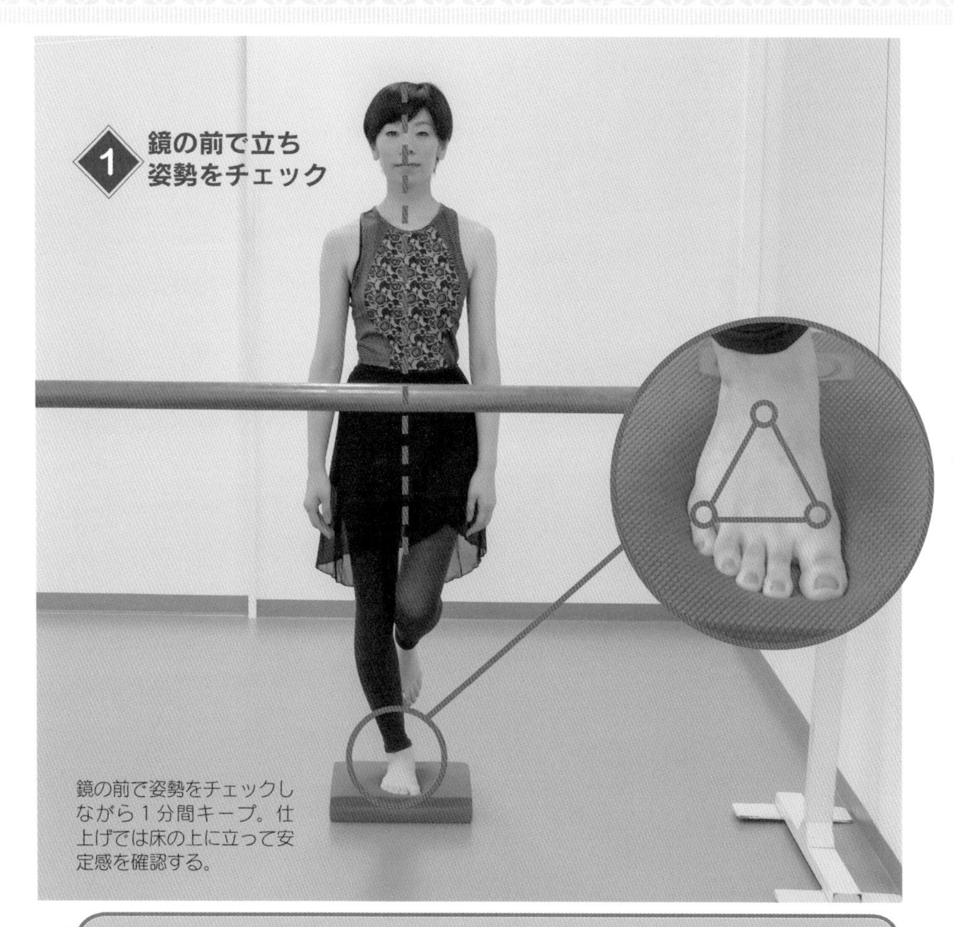

鏡の前で姿勢をチェックしながら１分間キープ。仕上げでは床の上に立って安定感を確認する。

スポンジを「踏む」ことで、自然と「引き上げ」の姿勢になる。極端に小指側やカカト側に力が入ってしまうと、バランスが乱れてしまう。

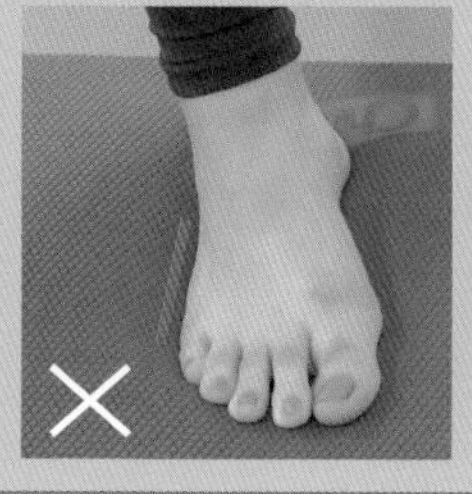

体幹の筋肉を高めながら バレエのポーズをとる

足裏と脚、体幹のトレーニング

両手でバーを持ち スポンジを押す

くるぶしの内側を 当てて脚を伸ばす

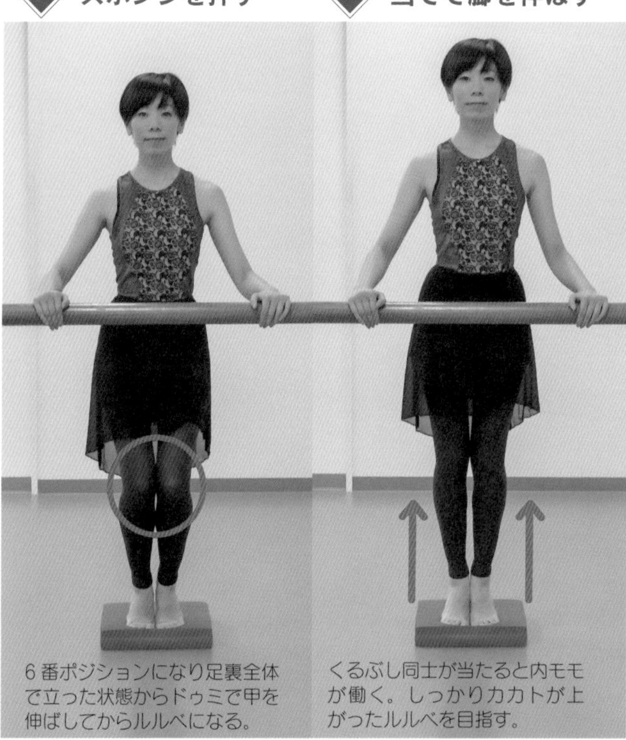

6番ポジションになり足裏全体で立った状態からドゥミで甲を伸ばしてからルルベになる。

くるぶし同士が当たると内モモが働く。しっかりカカトが上がったルルベを目指す。

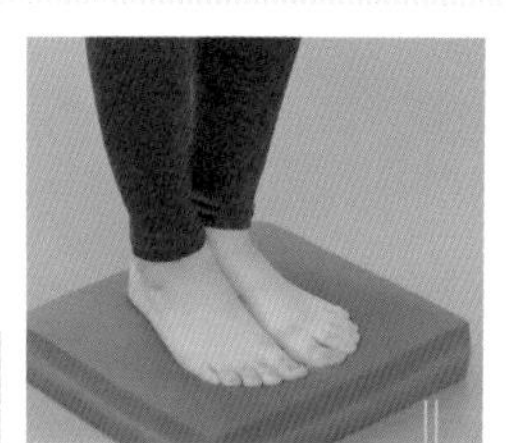

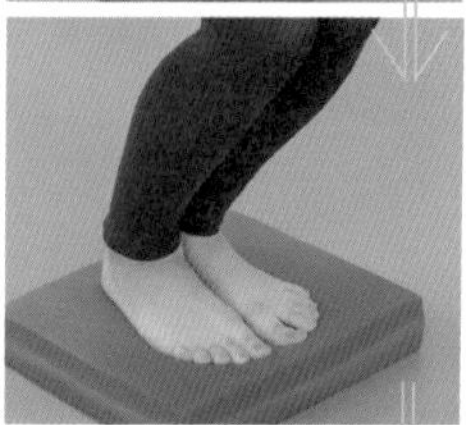

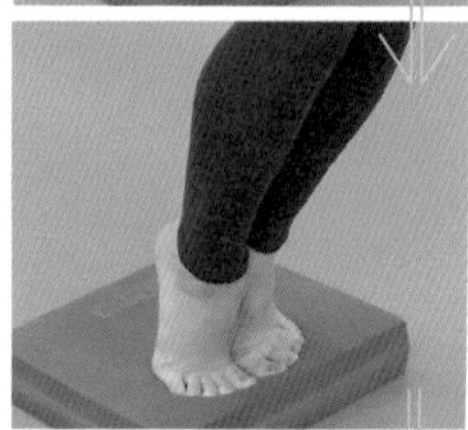

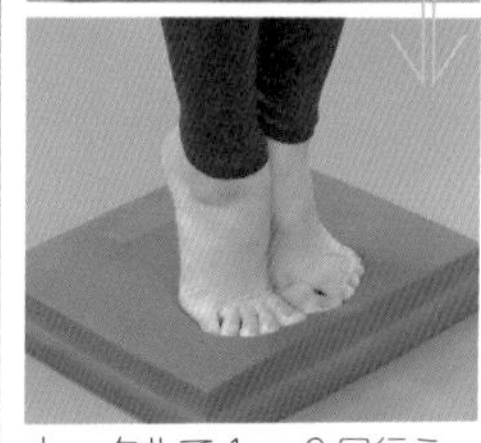

トータルで1～2回行う。

スポンジを押しながらルルベの形をつくる

ミングーの上でポーズをとり、バレエで使う筋肉を鍛えていきます。ここでの狙いは、ルルベしたときの安定感です。最初はバーの支えを使ってエクササイズしましょう。

スタートは足裏全体をつけた状態。そこからドゥミプリエ、ルルベし、まっすぐ伸びた状態になります。足指をしっかり使いルルベするよう意識してみましょう。

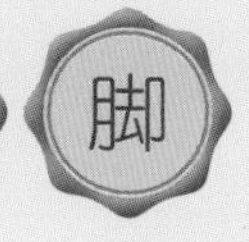

◆ アプローチする筋肉

・脊柱起立筋
・股関節まわりの筋肉
・足底の筋肉
・体幹の筋肉
・殿筋群
・下腿三頭筋
・大腿四頭筋
・前脛骨筋
・長趾伸筋
・長母指伸筋

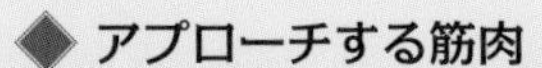

体幹のトレーニング

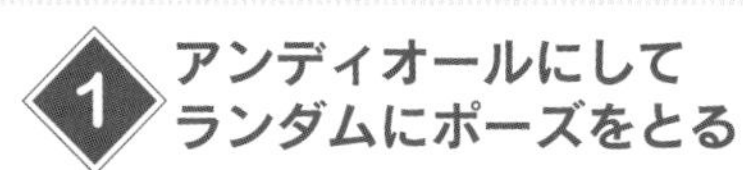

1 アンディオールにしてランダムにポーズをとる

バーを両手で持ちアンディオールで立ち、パッセになる。

バーから手を離して両手をアラスゴンへ。

バーを持ちながら足をドゥバンへ出す。

バーから手を離して両手をアンオーへ上げる。

そのまま横へロンデジャンブする。

片脚でバランスをとりながら手をアラスゴンへ。

床の上に立ち 安定感をチェック

ミングーを利用したエクササイズが終わったら、床の上でポーズをとる。安定感のあるポーズがとれるはず。確認の上でもエクササイズ前後に行う。

ポワントの基礎を身につけて キレイな立ち姿を目指す

ポワントとはトゥシューズを指す名称であり、またツマ先で立つことも意味します。キレイにバレエを踊るためにはツマ先でバランス良く立つポワントが重要です。しかし、正しい姿勢で行わなければ、ポワントで立つことが難しくケガにつながることもあります。基本の正しい姿勢をしっかり身につけておきましょう。立つときはカカトを高く持ち上げ甲を出すことを意識します。降りるときは足の裏を使うことを心がけるとスムーズな動きになります。立つ時、降りる時の間の動きを丁寧に行うことで足首や足裏がトレーニングされ、「音のしない」ポワントワークができます。必ずストレッチをし、バーレッスンで基礎を習得してから、センターレッスンに入っていくようにしましょう。また、自分の足やレベルに合ったトウシューズ選びは大変重要なポイントです。先生に相談し、正しいポワント選びをして下さい。

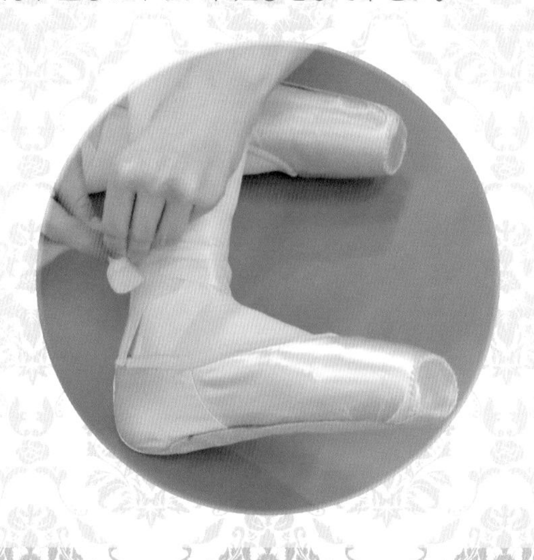

PART 6

カラダのメンテナンス & ポワントトレーニング

バレエで酷使したカラダをリセットして日常生活へ

ポワントのためのトレーニングで上達を目指す

バレエ初心者には、トゥシューズを履いて踊ることを目標としている人も多いでしょう。トゥシューズを履いたツマ先立ちの「ポワント」は、バレエ上級者を目指すなら、とても大切な姿勢です。

初心者にはとても難しく、ある程度の経験がある人でも入念なウォーミングアップが必要です。まだ十分な経験や筋力がない場合は、とても危険なのでバーレッスンをしっかり積んでからトライしましょう。ここからはバレエ上級者向けの「ポワントのためのトレーニング」を紹介しています。

バレエは股関節から開脚したり、ツマ先で立ち続ける、足を高く上げるなど、普段は使わない筋肉を酷使しています。気づかないうちにカラダへの疲労が蓄積し、バレエのパフォーマンスにも影響が出てしまいます。

バレエでの正しい姿勢を意識するあまり、リラックスした普通の姿勢がとりにくくなったり、筋肉が緊張した状態が続き、日常生活そのものにも悪影響を与えてしまうことがあります。

レッスン後には疲労回復を促進し、バレエで緊張した筋肉をリセットするためのクールダウンストレッチを行うことを心がけましょう。

ポワントトレーニング

POINT 37 体のラインを意識しまっすぐに甲を伸ばす

ポワントでのウォーミングアップ

1 バーで体の引きあげを確認しながら行う

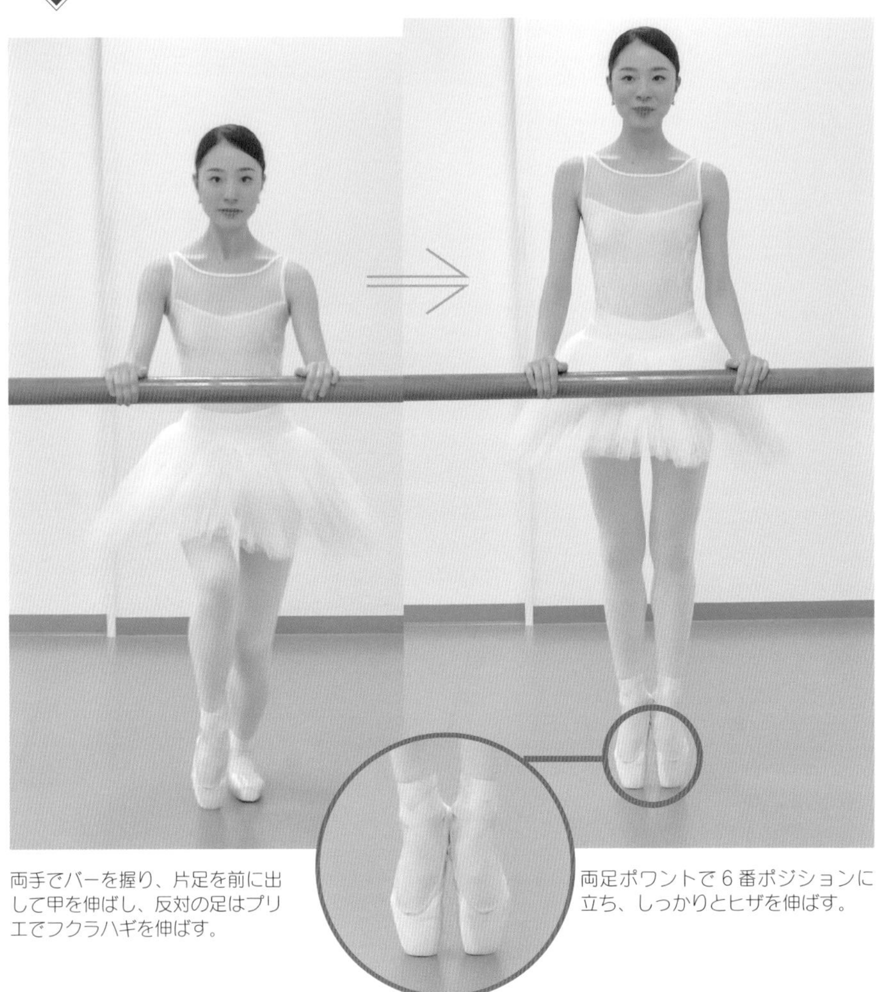

両手でバーを握り、片足を前に出して甲を伸ばし、反対の足はプリエでフクラハギを伸ばす。

両足ポワントで６番ポジションに立ち、しっかりとヒザを伸ばす。

◆ **アプローチする筋肉**
・股関節まわりの筋肉
・ヒザ関節まわりの筋肉
・体幹
・足底の筋肉
・下腿三頭筋

バーを使ってポワントの正しい立ち方を覚える

キレイにポワントで立つためには、上半身がきちんと引き上げられていることが重要（必須）。これができていないと足への負担がかかり、不安定な状態では立つのがやっとです。正しい立ち方のトレーニングは、バーを使って繰り返し練習が必要。バーの支えで、上半身の引きあげや骨盤が立つ感覚、体もまっすぐに伸びる感覚を体で覚えることができます。

足を入れ替え、アテールにおりて反対の足も伸ばす。数回繰り返し、ウォームアップ。左右４～５回行う。

足の甲を伸ばして安定感を出す

ポワントで立つときには、足をまっすぐに伸ばす。アライメントが正しくないと、ケガのリスクが高くなるだけでなく、立つことができない。

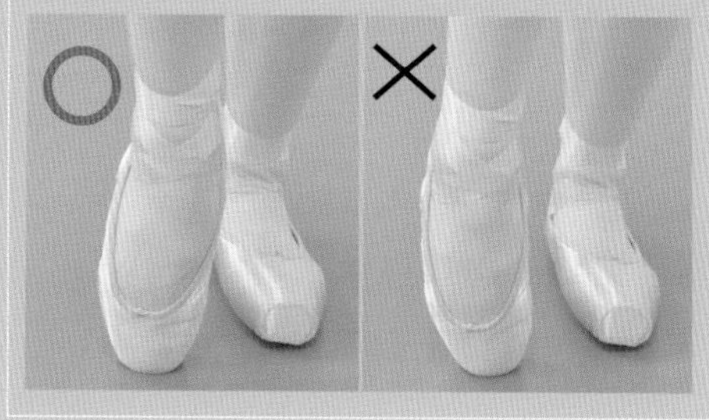

ヒザを伸ばしてしっかり立つエクササイズ（各３〜５回行う）

1 ゆっくり立ってポワントする

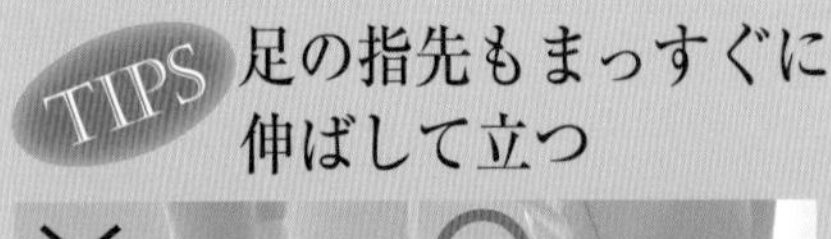

TIPS 足の指先もまっすぐに伸ばして立つ

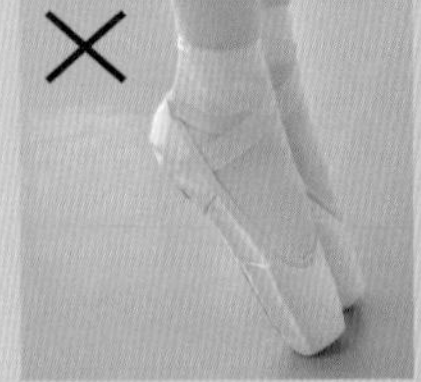

ポワントでは、足の指先をきちんと伸ばしておくことがポイント。トゥシューズの中で指先が曲がらないように、足指の第一関節や第二関節も意識して立つこと。

両手でバーを握り、６番ポジションでドゥミプリエする。

2 ドゥミプリエから体を引きあげる

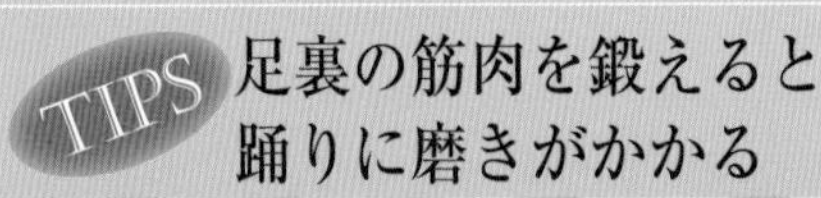

TIPS 足裏の筋肉を鍛えると踊りに磨きがかかる

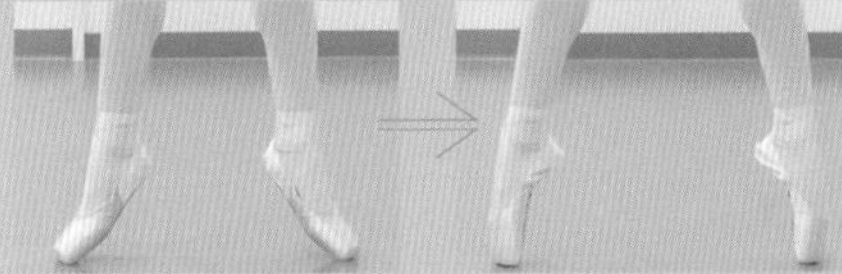

トゥシューズでドゥミポワントからポワントになる動きを行うと足裏の筋肉が鍛えられる。また、ポワントから降りる動きの時は、ゆっくりとカカトの位置をコントロールすることで足裏をトレーニングし、静かな降り方が出来るようになる。

両手でバーを握り、１番ポジションで立つ。

ドゥミプリエ。

プリエからカカトをしっかり上げ、ドゥミポワントになる。

プリエしたまま両足ポワントで立ち、上体を引きあげる。

カカトの位置を高く保ったまま、ヒザを伸ばす。

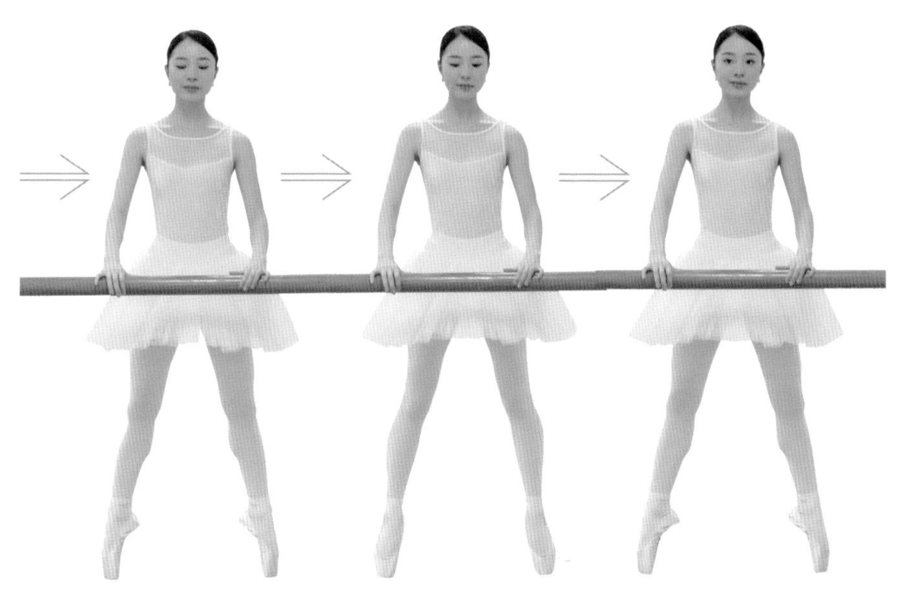

ドゥミプリエから上体を引きあげ、一気にポワントに立つ。

姿勢をキープしたまま、足の甲を正面に向ける。このとき、足のアライメントを鏡でチェックする。

意識的にまっすぐからターンアウトして元の状態に戻る。

3 1番ポジションから引き上げて立つ

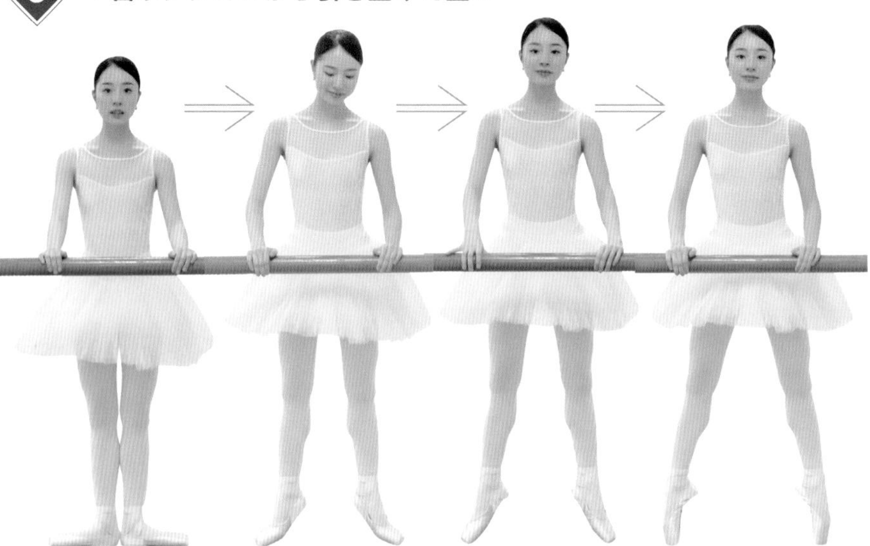

両手をバーにおき、1番ポジションで立つ。

体を引きあげながら、ドゥミポワントを通る。カカトの向きが変わらないよう注意して行う。

ドゥミポワントから、さらに引き上げを意識してカカトを高くする。

上体をキープし、ポワントで立つ。

4 プリエなしで引き上げて立つ

両手をバーにおき、片足後ろクドピエにする。

軸足をしっかり伸ばしたまま、ドゥミを通って引きあげていく。

反動を使わずにそのままフルポワントへ。

5 重心を移動してピケで立つ

片足は床につけ、もう片方の足は床からはなしてアラスゴンに出す。

出した足でつきさすように立ち、ヒザを曲げずに一気に重心を移動して立つ。

6 ポワントした後に小さなバランス移動をする

片足でポワントに立ち、もう片方の足はクドピエ。

両足を５番ポジションに揃えてポワント。

カカトを床につけ、５番のポジションでプリエする。

脚が伸びた５番ポジションになる。

クールダウンストレッチ

足をマッサージして筋肉を緩める

足指を伸ばすストレッチ

1 足指を1本ずつ伸ばす

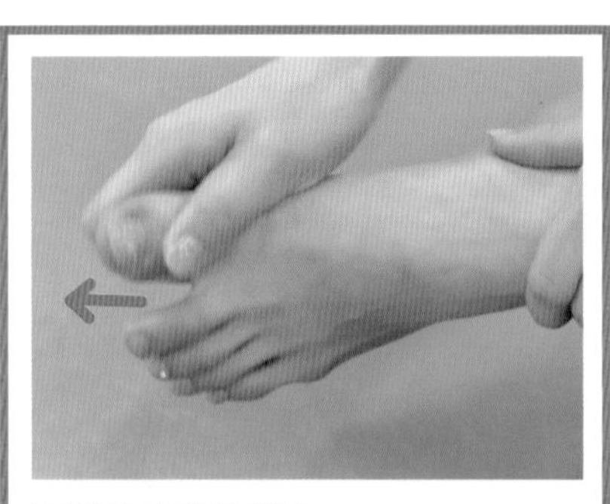

足指を１本ずつ伸ばす。

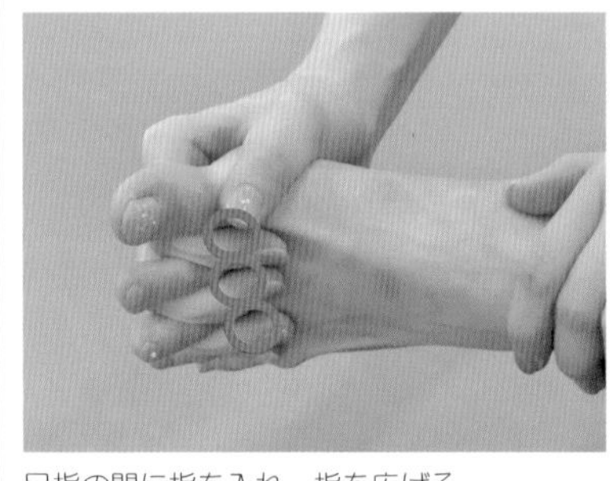

足指の間に指を入れ、指を広げる。

両手で足の指を左右に開いて伸ばす。骨と骨、関節と関節の間を広げるように動かす。

凝り固まった足をほぐす

バレエでは常にツマ先を伸ばし、ときには足の先端だけで立たなければなりません。足には小さな筋肉が多数あり、レッスン後は疲れで凝り固まってしまう状態になります。

ストレッチでは負荷がかかった足指をしっかり伸ばし、足の甲や足裏を入念にマッサージ。筋肉を緩めながら、血液の循環を良くし、疲労物質を押し流しましょう。

◆ **アプローチする筋肉**
・足底の筋肉
・足首まわりの筋肉

足の甲と足裏を伸ばすストレッチ

足の甲と裏を押してマッサージ

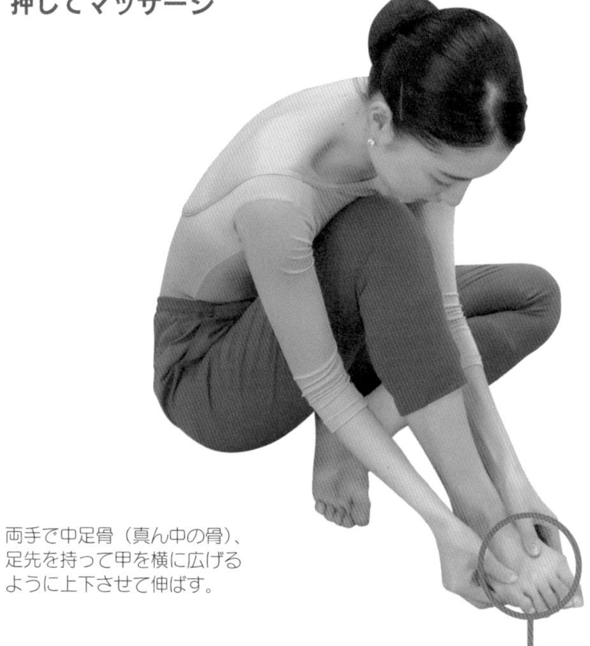

両手で中足骨（真ん中の骨）、足先を持って甲を横に広げるように上下させて伸ばす。

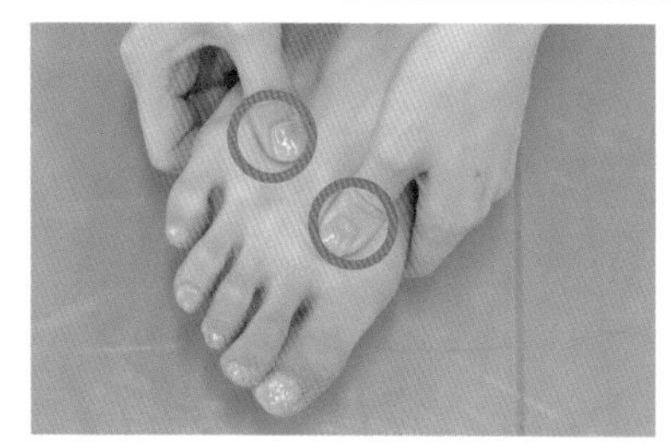

足の甲を両側から持ち、親指で押して中足骨の間を広げる。

足裏も同様に両側から持ち、土踏まずや足の裏全体の筋肉を押す。

クールダウンストレッチ

ターンアウトした脚を元に戻す

股関節まわりとモモ外側のストレッチ

1 片ヒザを立て もう片方を内側に入れる

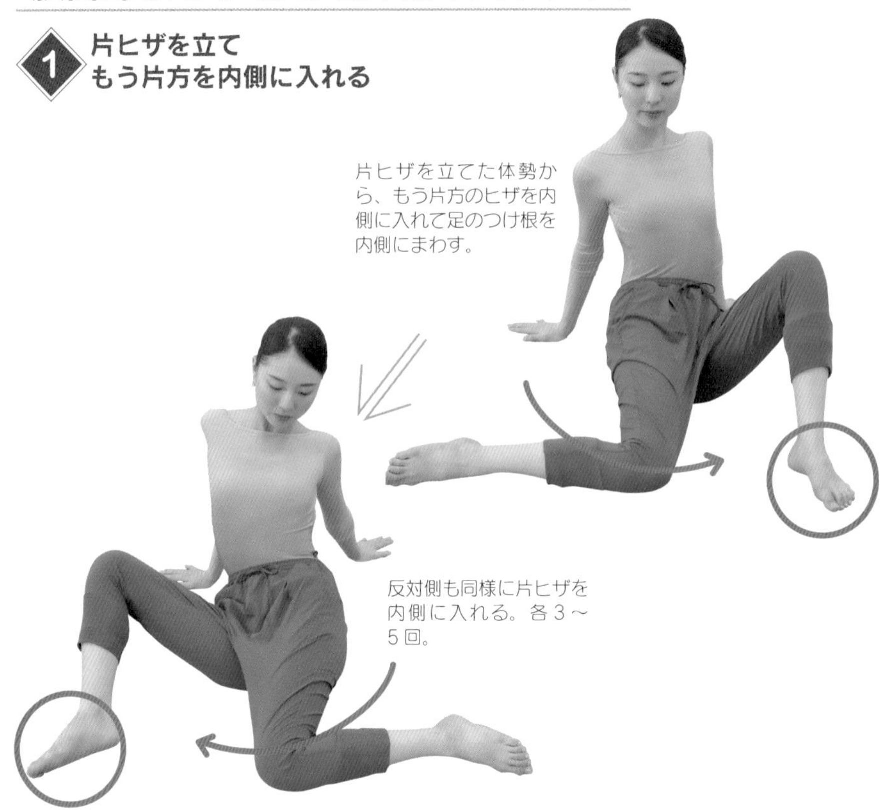

片ヒザを立てた体勢から、もう片方のヒザを内側に入れて足のつけ根を内側にまわす。

反対側も同様に片ヒザを内側に入れる。各3～5回。

脚をつけ根から内側にまわす

バレエでは、股関節からまわして足を開く、ターンアウトが基本。レッスンや踊っている途中は常に、股関節まわりの筋肉に負担がかかり、緊張状態となっています。レッスン後は、脚をつけ根から内側に入れて、ターンアウトと逆の動きのストレッチで日常生活のカラダに戻しましょう。内転筋と反対の筋肉になる大腿筋膜張筋も入念に伸ばしておきます。

◆ **アプローチする筋肉**

- 股関節まわりの筋肉
- 大殿筋
- 腹筋群
- 広背筋
- 大腿筋膜張筋

股関節まわりと殿筋のストレッチ

1 体幹をツイストさせて モモやお尻を伸ばす

ヒザの上に足を乗せ、カラダをツイストさせる。そうすることでモモの外側やお尻を伸ばす。

反対側も同様に行う。反動をつけずにゆっくり体幹を捻る。10～15 秒キープ。

両ヒザを内側に入れると強度アップ

両ヒザを同時に内側に入れるストレッチは、柔軟性が高い人におすすめ。無理がない角度でヒザに負担がかからないようストレッチする。

クールダウンストレッチ

内モモや前モモを ほぐして疲れをとる

◆ アプローチする筋肉
- 股関節まわりの筋肉
- 内転筋
- 大腿四頭筋

内モモと前モモのストレッチ

1 腰を反らさずに 足先を引く

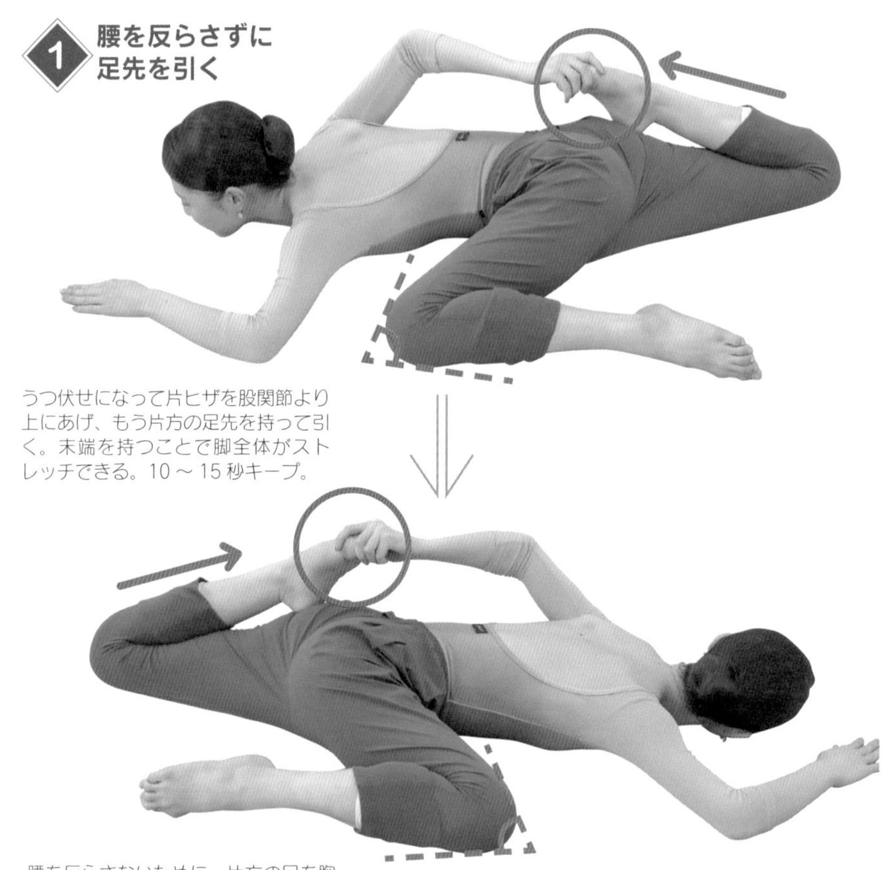

うつ伏せになって片ヒザを股関節より上にあげ、もう片方の足先を持って引く。末端を持つことで脚全体がストレッチできる。10 ～ 15 秒キープ。

腰を反らさないために、片方の足を胸の方向へ曲げて行う。足先を持つのが難しい人は、足首でも構わない。

体全体を丸めて緊張を解く

◆ **アプローチする筋肉**

・脊柱起立筋　・頭最長筋　・腰腸肋筋　・腹横筋
・広背筋　・下腿三頭筋　・頭板状筋　・腹斜筋
・頭半棘筋　・胸最長筋　・頚板状筋

体幹のストレッチ

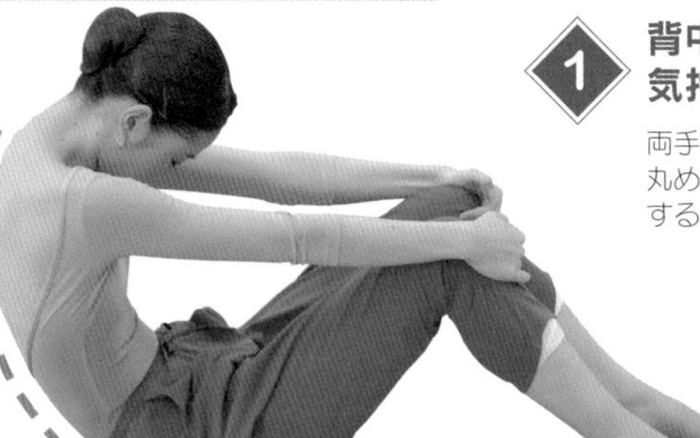

1 背中を丸めて気持ち良いところでキープ

両手でヒザを持ちながら、背中を丸めて気持ち良いところでキープする。10 ～ 15 秒キープ。

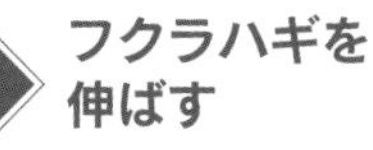

2 フクラハギを伸ばす

両脚を前に伸ばし、背中を丸めながら足先を持ってフクラハギも伸ばす。上よりも強度がアップする。10 ～ 15 秒キープ。

3 リラックスした状態で横になる

首まで丸めたら後方に倒れて、床に横になる。10 ～ 15 秒キープ。

体幹に捻りを入れてストレッチする

体幹のストレッチ

1 両手を開いて横になり腰をひねる

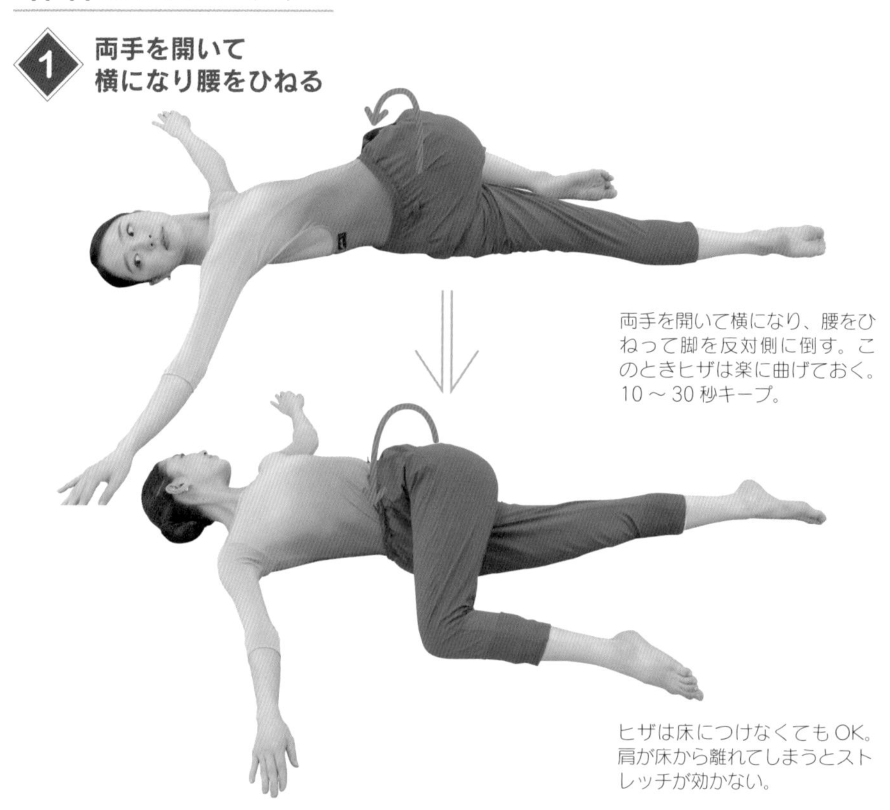

両手を開いて横になり、腰をひねって脚を反対側に倒す。このときヒザは楽に曲げておく。10 ～ 30 秒キープ。

ヒザは床につけなくても OK。肩が床から離れてしまうとストレッチが効かない。

姿勢キープで総動員した筋肉を伸ばす

バレエでは姿勢をキープするときに体幹の筋肉を総動員して、カラダをコントロールします。足を高くあげてもカラダが倒れないよう、常に筋肉が働いているといえるでしょう。

体幹の筋肉は、使っていることが実感しにくいパーツなので、レッスンや踊りが終わった後は、入念なストレッチで多方向に伸ばしておくことが大切です。

◆ **アプローチする筋肉**

- 股関節まわりの筋肉
- 腹斜筋
- 大腿筋膜張筋
- 中殿筋

体幹とお尻のストレッチ

1 脚を揃えて伸ばし横向きで上体を立てる

両手を床につき、両足を揃えて伸ばす。腰を床方向に入れて体側を伸ばす。15～30秒キープ。

反対側も同様に行う。力の入れる方向に角度をつけると中殿筋や大腿筋膜張筋なども伸びる。

クールダウンストレッチ

首や肩をほぐして緊張から解放する

肩まわりのストレッチ

1 首と肩に力を入れて一気に脱力する

肩に力を入れて耳の方へ上げる。

一気に力を抜いて脱力する。
2～3回行う。

疲れがたまりやすい肩と首をケアする

バレエではポジションだけでなく、顔や手の動きで表現もします。常に上体を引き上げつつも、肩はできるだけ下げておくことが求められます。そのため肩や首は常に使い続け、必要以上に力が入り過ぎてしまうことがあります。首や肩は疲労がたまりやすいパーツです。レッスンや踊った後は、筋肉を緊張から解放するためのストレッチを行いましょう。

◆ **アプローチする筋肉**
- 僧帽筋
- 胸鎖乳突筋
- 頚板状筋
- 頭板状筋

首・肩まわりのストレッチ

頭を下げて首をゆっくり左右に 2 ～ 3 回伸ばす

頭を真下にして首の後ろ側を伸ばす。

斜めに傾けて頭を下げて首を伸ばす。ゆっくり軽く動かす程度で、緩めるつもりで行う。

真下を通って反対側へも伸ばす。

モデル

樋口咲弥

市山万喜

Chacott

撮影協力

チャコット宮益坂バレエスタジオ

渋谷駅から徒歩５分とアクセス至便で静かで落ち着いた美竹通りにある女性のためのバレエ専用スタジオ。バレエに最適な床の仕様をはじめ、ストレッチもできる広いロビー、シャワールームなど気持ちよくレッスンに打ち込める環境を完備。一流講師陣によるていねいな指導・細やかなクラス設定でみなさまのレッスンをしっかりサポート。ピアノ伴奏でのクラスやゲスト講師を迎えての特別講座も多く、初心者から上級者まで本格的に楽しく学んでいただけます。

ご見学・体験レッスンはお気軽にお問合せください。　03-5467-2831

衣装協力

監修
プロフィール
大月　恵

長野バレエ団にて倉島照代に師事。
埼玉県全国舞踊コンクールにて奨励賞、
埼玉新聞社賞他。
東京新聞主催全国バレエコンクール入選。
中部日本全国バレエコンクール中日賞。
アジアパシフィックバレエコンクール、セミファイナリスト。
1997 年劇団四季研究所に合格、その後劇団四季入団、8 年間在籍。
劇団四季にて「ふたりのロッテ」主役「王子と乞食」主役他「九郎衛門」「Song&Dance」「ユタと不思議な仲間達」「夢から醒めた夢」など数々の舞台に出演。
退団後、フリーのバレエ講師として活動。
2006 年より現チャコット宮益坂バレエスタジオ講師。
2007 年日本ストレッチング協会ストレッチングトレーナー資格取得。
2010 年ストレッチングインストラクター資格取得。
バレエだけでなく、ミュージカルやフィギュアスケートのためのバレエクラスなど、それぞれに合ったトレーニングの提供やストレッチ指導を受け持つ。
また、バレエ雑誌やストレッチ本の監修多数。
長年機能解剖学を学び、様々なトレーニング経験と知識を通して、怪我をしない動ける身体づくりを大切に全国で子どもから大人クラスまで指導を行う。

スタッフ
デザイン　さいとうなほみ
撮　　影　柳　太
ヘアメイク　木戸口恵子
イラスト　ゆぜゆきこ
編集・執筆　株式会社ギグ

大人のためのバレエの体づくり 増補改訂版
美しさを磨く上達レッスン

2023年 1 月30日　　第1版・第1刷発行

監修者　大月　恵（おおつき　めぐみ）
発行者　株式会社メイツユニバーサルコンテンツ
代表者　大羽孝志
〒102-0093 東京都千代田区平河町一丁目1-8
印　刷　シナノ印刷株式会社

◎『メイツ出版』は当社の商標です

●定価はカバーに表示してあります。

ご意見・ご感想はホームページより承っております。
ウェブサイト　https://www.mates-publishing.co.jp/

編 集 長：堀明研斗　　企画担当：千代　寧

※本書は2018年発行の『大人のための バレエの体づくり 美しさを磨く上達レッスン』を元に加筆・修正、装丁を変更し、「増補改訂版」として新たに発行したものです。